ANDREA TORNIELLI

Jorge Bergoglio Francisco

Andrea Tornielli es uno de los mejores vaticanistas italianos y escribe para el prestigioso diario *La Stampa*. Ha publicado más de cincuenta libros sobre asuntos eclesiásticos, además de biografías de destacados cardenales y papas. También colabora con diversas revistas italianas e internacionales. Es el creador de la página web *Vatican Insider*, en la que comenta una gran variedad de temas religiosos.

Jorge Bergoglio
Francisco

La vida, las ideas, las palabras
del papa que cambiará la Iglesia

ANDREA TORNIELLI

Vintage Español

Una división de Random House, Inc.

Nueva York

PRIMERA EDICIÓN VINTAGE ESPAÑOL, MAYO 2013

*Copyright de la traducción © 2013 por Nieves Nueno Cobas,
Francisco J. Ramos Mena y Juan Vivanco Gefaell*

Todos los derechos reservados. Publicado en los Estados Unidos de América
por Vintage Español, una división de Random House, Inc., Nueva York, y
en Canadá por Random House of Canada Limited, Toronto. Originalmente
publicado en italiano en Italia como *Jorge Mario Bergoglio. Francesco. Insieme.
La vita, le idee, le parole del papa che condurrà la Chiesa* por Edizioni Piemme,
S. p. A., Milán, en 2013. Copyright © 2013 por Edizione Piemme, S. p. A., Milan.
Copyright © 2013 por Andrea Tornielli.

Esta traducción fue originalmente publicado en España por Random House
Mondadori, S. A., Barcelona. Copyright © 2013 por Random House Mondadori,
S. A. Publicado por acuerdo con Ute Körner Literary Agent, S. L.

Vintage es una marca registrada y Vintage Español y su colofón
son marcas de Random House, Inc.

Información de catalogación de publicaciones disponible en
la Biblioteca del Congreso de los Estados Unidos.

Vintage ISBN: 978-0-8041-6913-4

Para venta exclusiva en EE.UU., Canadá, Puerto Rico, y Filipinas.

www.vintageespanol.com

Impreso en los Estados Unidos de América
10 9 8 7 6 5 4 3 2 1

A Eleonora, mi madre

INTRODUCCIÓN

«Te ruego que reces por mí…»

El miércoles 13 de marzo de 2013, después de asistir a la fumata negra del final de la mañana y disfrutar con mis colegas de mi habitual plato de verdura y calamares a la plancha en la Trattoria Da Roberto, situada en el Passetto di Borgo, salí del Vaticano para regresar a la redacción de *La Stampa* en via Barberini. Desde que los periódicos son también páginas web multimedia, los periodistas del papel impreso deben realizar además directos televisivos y reportajes audiovisuales. «Si esta tarde hay fumata blanca —me había dicho el jefe—, tendremos que hacer inmediatamente un directo en tiempo real y comentar el anuncio.» Los cardenales llevaban casi un día entero encerrados en el Vaticano, sin comunicación con el exterior, y las previsiones de los periódicos y de diversos purpurados hablaban de un cónclave «difícil» e «incierto», que sin duda sería más largo que el de 2005, del que salió elegido Joseph Ratzinger. A falta de un candidato fuerte como lo fue ocho años antes el prefecto de la Congregación para la Doctrina de la Fe, capaz de obtener un amplio número de votos, la designación del 266.º obispo de Roma sería, pues, más larga y laboriosa.

Y sin embargo, justo aquel día un querido amigo y colega mío, Gerard O'Connell, me advirtió: «En mi opinión, podríamos tener papa esta tarde...». Por la mañana salí de casa con un pequeño volumen en mi bolsa: *El jesuita*, el libro-entrevista al cardenal de Buenos Aires, escrito por Sergio Rubin y Francesca Ambrogetti. De los cardenales «papables» del cónclave, Bergoglio era el que mejor conocía. Le entrevisté una sola vez, en febrero de 2012, para *Vatican Insider*, el canal web temático de *La Stampa*, pero en los últimos años he tenido varias oportunidades de reunirme con él con ocasión de sus pocos viajes a Roma. Juntos hemos disfrutado de unas cuantas conversaciones acerca de la vida eclesiástica. He conocido e incluso acogido en mi casa de Roma al padre Pepe, uno de esos sacerdotes suyos que anuncian el Evangelio en las llamadas «villas miseria», los barrios de chabolas de Buenos Aires.

De Bergoglio me ha llamado la atención siempre la profundidad de su mirada llena de fe, su humildad, sus palabras capaces de alcanzar el corazón de las personas y de ayudar a percibir el abrazo de la misericordia divina. He tenido ocasión de mostrarle artículos o reflexiones publicadas en el blog, aunque también de pedirle oraciones. Al final de cada encuentro, su infalible petición ha sido siempre: «Reza por mí, te ruego que reces por mí...».

Cuando estoy en Roma, vivo puerta con puerta con mis amigos de toda la vida Gianni Valente y Stefania Falasca, lo cual me ha permitido ser testigo de la amistad que durante estos años ha unido a su familia con el padre Bergoglio. Asimismo, he podido escuchar sus relatos, sus experiencias de pastor y sus encuentros con esos fieles que tanto le han amado, reconociendo en él a uno más entre ellos: alguien que ha venido a servirles, no a destacar. Alguien que ha venido a compartir, no a ejercer sobre ellos un poder sagrado. Alguien que ha venido a atraerles con la sonrisa de la misericordia, no a regular la fe. Alguien que ha venido a facilitarles el encuentro con Jesús. Las palabras del padre Bergoglio son proximidad, misericordia, dulzura, paciencia. Este pastor ha contado que su mayor dolor de obispo fue averiguar que «algunos sacerdotes no bautizan a los hijos de las madres solteras porque no han sido concebidos en la santidad del matrimonio».

Le había visto sumamente tranquilo en los días previos al cónclave. «Por la noche duermo como un niño», les confesó a Gianni y Stefania. Nos dijo que ya tenía preparada la homilía del Jueves Santo que leería en cuanto volviese a Buenos Aires, nos habló del vuelo de regreso ya reservado para el 23 de marzo y de una cita con la comunidad judía a la que no quería faltar. «Tengo que volver con mi Esposa», repetía siempre, aludiendo a su diócesis con la sonrisa en los labios, este obispo que de verdad ha considerado a la Iglesia de Buenos Aires una esposa, amándola y sirviéndola en todo y a través de todos, empezando por los más pobres. No eran detalles subrayados de forma casi supersticiosa por quien quiere exorcizar una inminente responsabilidad. Eran los relatos de la vida de un hombre sencillo.

Y sin embargo, nunca como en los días previos al inicio del cónclave me había parecido percibir en el cardenal Bergoglio tanta serenidad y tanto abandono a Dios, cualquiera que fuese el proyecto que se iba preparando.

Quizá en parte por eso la tarde del 13 de marzo, nada más llegar a la redacción, empecé a escribir apuntes sobre él mientras oía varias veces con los cascos una pieza musical que encuentro especialmente relajante, el célebre *Canon en Re mayor* de Pachelbel, interpretado por la London Simphony Orchestra. Una vez tuve ocasión de escucharlo en una versión para arpa mientras me encontraba con el padre Bergoglio y otros amigos. Luego, a las 19.05, después de que una gaviota se posase varias veces sobre la chimenea de cobre situada sobre el tejado de la capilla Sixtina, aparecieron las primeras volutas de humo blanco. El Papa había sido elegido. Junto a mi colega Paolo Mastrolilli tuve que llevar a cabo en vídeo un directo en tiempo real en la página web de *La Stampa*. Esperamos el anuncio contándoles a los internautas lo que estaba a punto de ocurrir. Cuando el cardenal Jean-Louis Tauran, después de decir las palabras rituales «*Habemus papam*», empezó a pronunciar las iniciales «Geo...», de Georgium, exclamé: «¡Bergoglio!». Empecé a contar algo de él, de su vida, de su historia, de su forma de ser obispo, de su sencillez y humildad, de su crítica de la «mundanidad espiritual» en la Iglesia.

«¿Cómo has conseguido no llorar en directo? Todos nosotros llorábamos...», preguntó mi mujer desde Milán, a través de Skype, cuando por fin pude hablar con ella.

La sencillez del papa Francisco, la profundidad de su

forma de inclinar la cabeza para recibir la bendición invocada sobre él por su pueblo, ese espontáneo saludo suyo —«Buenas tardes»—, ese modo de seguir siendo él mismo, incluso como obispo de Roma y Sumo Pontífice, conmovió el corazón de millones de fieles.

No quiso la muceta roja ribeteada de armiño, ni los zapatos rojos. No quiso cambiar su pobre cruz de hierro ni el modesto anillo. Al día siguiente fue a rezar ante la imagen de *Maria Salus Populi Romani* en Santa María la Mayor sin hacerse acompañar por el pomposo aparato de representación ni por el imponente dispositivo de seguridad que con demasiada frecuencia puede llevar a los fieles a confundir al obispo de Roma, un pastor, con el presidente de una superpotencia. El padre Bergoglio, el papa Francisco, el primer pontífice jesuita, el primer latinoamericano, el primero en escoger para sí el nombre del gran santo de Asís, con sus pequeños pero grandes gestos y sus palabras, en el alba de su pontificado, está dando ya a entender qué significa hoy en día seguir a Jesucristo.

«No cedamos nunca al pesimismo —pidió al reunirse con los cardenales en la sala Clementina—, ni a la amargura que el diablo nos ofrece cada día; no cedamos al pesimismo y al desaliento: tengamos la firme certeza de que el Espíritu Santo proporciona a la Iglesia, con su poderoso aliento, el coraje de perseverar y también de buscar nuevos métodos de evangelización, para llevar el Evangelio hasta los confines de la Tierra.» Y en la tarde del 13 de marzo el mundo tuvo un claro testimonio de ello.

1

Habemus papam Franciscum

La plaza de San Pedro es una inmensa extensión de paraguas abiertos. Miles de personas, desafiando el frío y la lluvia, esperan desde hace horas que la chimenea de la capilla Sixtina dé el resultado esperado. La tarde anterior, a las 16.30, la larga e imponente procesión de los 115 cardenales electores del cónclave llamado a designar al sucesor de Benedicto XVI desfiló desde la capilla Paulina hasta la Sixtina. Después del juramento y la meditación dirigida por el cardenal Prosper Grech, los purpurados votaron una primera vez. Aunque se diese por sentado el resultado de la fumata negra, muchas, muchísimas personas se habían reunido mirando hacia arriba, en espera de conocer esa respuesta. Las volutas de humo de color ala de cuervo, sumamente abundantes, confirmaron que los electores habían decidido empezar enseguida con las votaciones. Y, como era de esperar, ninguno de ellos había obtenido los 77 votos necesarios, correspondientes a los dos tercios.

El miércoles 13 de marzo, después de un inicial humo blanquecino, también había sido de un negro grisáceo la fumata del mediodía, la que seguía a las dos votaciones de la mañana, es decir, al segundo y al tercer escrutinio del cónclave. También en este caso, el resultado era previsible. En los últimos cien años, solo Eugenio Pacelli, en marzo de 1939, había sido elegido en la tercera votación. Entonces la guerra era ya inminente, y los cardenales se apresuraron a elegir al fiel secretario de Estado del papa Ratti. Desde el exterior, el mundo, el mediático y el de los fieles y los curiosos, se preguntaba qué estaría ocurriendo bajo las bóvedas de la Sixtina, ante aquel dramático y magnífico fresco del *Juicio Final* de Miguel Ángel. O qué estaría sucediendo entre los padres cardenales durante el almuerzo en la Domus Sancta Marta, donde estaban alojados. A partir de la tarde, la elección comenzaba a resultar más probable, a pesar de las previsiones generalizadas acerca de un cónclave largo y difícil. Así fue en abril de 2005 para Joseph Ratzinger, que fue elegido en la cuarta votación.

Sin embargo, esa tarde tampoco se obtuvo un resultado suficiente en la primera votación. No hubo fumata blanca entre las cinco y las seis. Y, por lo tanto, eso significaba que los cardenales habían continuado con una nueva votación, la cuarta del día, la quinta del cónclave. La fumata, blanca o negra, se esperaba para las siete. Pocos minutos antes, una gaviota se había posado encima de la chimenea y se la había visto permanecer allí, inmóvil, durante más de media hora, incluso a través de las cuatro megapantallas instaladas en la plaza situada ante la basílica vaticana.

«No es buena señal —dice un sacerdote—, porque el pájaro que simboliza el Espíritu Santo es la paloma, y no, desde luego, la gaviota. Quiere decir que aún no han elegido.» Y sin embargo flota una sensación en el ambiente, una expectativa creciente sin razones de ser externas o humanas.

A las 19.05 un humo blanco primero casi transparente y luego cada vez más denso e inmaculado empieza a salir de la chimenea, provocando el pasmo entre la multitud, que comienza a aplaudir. El Papa ha sido elegido, aunque el mundo aún no conoce su nombre ni su rostro. En ese momento deja de llover. La espera parece interminable. Luego, por fin, se abren las grandes puertas de la logia central de San Pedro y el cardenal protodiácono, Jean-Louis Tauran, se presenta ante la multitud para anunciar el nombre del elegido: «*Annuntio vobis gaudium magnum, habemus papam, Eminentissimum ac Reverendissimum Dominum Georgium Marium, Sanctae Romanae Ecclesiae Cardinalem Bergoglio, qui sibi nomen imposuit Franciscum*».

«Georgium Marium», habrían bastado estas dos palabras para entender que el elegido era el cardenal de Buenos Aires, un arzobispo jesuita nacido en aquella ciudad setenta y seis años antes en una familia de emigrantes piamonteses.

El nombre no es conocido, y al principio la gente se siente desconcertada. Igual que sucedió otra tarde, la del 16 de octubre de 1978, cuando el cardenal Pericle Felici anunció a los fieles que el nuevo papa era Karol Wojtyla. Así pues, el padre Bergoglio. Todo el mundo esperaba un pontífice joven, y en cambio los cardenales han vuelto a elegir a alguien ya mayor. Muchos hacían previsiones sobre el «Papa italiano», y en cambio el nuevo obispo de Roma viene del hemisferio sur del mundo, de muy lejos. Después de recorrer en sentido contrario aquel viaje que su familia llevó a cabo en 1929 tras embarcarse en el puerto de Génova.

Quienes conocen a Bergoglio, su figura, su episcopado, perciben inmediatamente el alcance del acontecimiento, evidenciado también por la elección del nombre: Francisco. Al escuchar ese nombre la multitud prorrumpe en un fuerte aplauso. Un papa jesuita que toma el nombre del *Poverello* de Asís, fundador de los franciscanos. Un signo de cambio, de transformación. La llamada a la radicalidad evangélica, a una Iglesia pobre, que camina, construye y sigue a Cristo crucificado, «el único Salvador de todo hombre y de todos los hombres».

Pasan pocos minutos más y se asoma el nuevo papa. Solo son las 20.10. Por primera vez en la historia, antes de que el elegido salga al balcón, un fragmento de imagen del Centro Televisivo Vaticano muestra a Francisco vestido con sotana blanca mientras se acerca a la ventana. El Sumo Pontífice no viste la muceta roja ribeteada de armiño que le habían preparado, ni lleva la estola sobre los hombros. Después se sabrá que no ha querido utilizar esa prenda regia bordeada de pieles. El armiño no le sienta bien a un papa llamado Francisco. La cruz pectoral no ha cambiado, es la que Jorge Mario Bergoglio ha llevado siempre consigo. Es de metal, no de oro. No lleva engarzada ninguna piedra preciosa.

El nuevo papa sale rodeado de los maestros de ceremonias y de algunos cardenales, y quiere junto a sí al vicario de Roma, Agostino Vallini. Nada más salir, hace un gesto de saludo alzando la mano derecha y a continuación permanece inmóvil mirando hacia la plaza, sin decir nada, mientras la multitud aplaude y grita «Viva el Papa». Luego toma la palabra y dice: «Hermanos y hermanas, buenas tardes…». Un sencillo saludo, que recuerda las últimas palabras de Benedicto XVI, pronunciadas un instante antes de entrar en el palacio papal de Castel Gandolfo para permanecer «oculto al mundo».

Francisco continúa: «Sabéis que el deber del cónclave era dar un obispo a Roma. Parece que mis hermanos cardenales han ido a buscarlo casi al fin del mundo…, pero aquí estamos. Os agradezco la acogida. La comunidad diocesana de Roma tiene a su obispo. Gracias. Y ante todo, quisiera rezar por nuestro obispo emérito, Benedicto XVI. Oremos todos juntos por él, para que el Señor lo bendiga y la Virgen lo proteja».

No se define como papa, sino que recuerda ante todo ser obispo de Roma, como por otra parte hizo también Juan Pablo II al asomarse por primera vez después de su elección. El Papa es papa porque es obispo de Roma y no al contrario, un hecho que en ocasiones parecen olvidar determinados entusiastas del esplendor de la corte pontificia. El papa Bergoglio subraya este vínculo especial, particular, con la Iglesia de la Ciudad Eterna. Es un obispo que habla a sus diocesanos antes que al mundo.

A continuación, Francisco invita a rezar por su predecesor y, acompañado de los fieles, recita el padrenuestro, el ave maría y el gloria al Padre. Hace rezar a la gente, hace recitar las oraciones más utilizadas en la fe cristiana.

«Y ahora —prosigue el nuevo papa al finalizar las tres oraciones—, comenzamos este camino: obispo y pueblo. Este camino de la Iglesia de Roma, que es la que preside en la caridad a todas las Iglesias. Un camino de fraternidad, de amor y de confianza entre nosotros. Recemos siempre por nosotros: el uno por el otro. Recemos por todo el mundo, para que haya una gran fraternidad. Deseo que este camino de Iglesia, que hoy comenzamos y en el cual me ayudará mi cardenal vicario, aquí presente, sea fructífero para la evangelización de esta ciudad siempre tan hermosa.»

Es el momento de la bendición, la primera bendición apostólica; el nuevo papa le ha pedido al pueblo ser bendecido. Les ha pedido a los fieles que invoquen la bendición de Dios sobre el nuevo obispo. Una petición del todo inédita, nueva, que tiene como protagonistas a los laicos, al pueblo de Dios, y su oración sobre el nuevo pastor.

«Y ahora quisiera dar la bendición, pero antes os pido un favor. Antes de que el obispo bendiga al pueblo, os pido que vosotros recéis para que el Señor me bendiga a mí: la oración del pueblo, pidiendo la bendición para su obispo. Hagamos en silencio esta oración de vosotros por mí…»

Francisco inclina la cabeza, luego vuelve a tomar la palabra y dice: «Ahora daré la bendición a vosotros y a todo el mundo, a todos los hombres y mujeres de buena voluntad». Se pone la estola papal sobre la sotana blanca e imparte la bendición en latín, concediendo la indulgencia plenaria Urbi et Orbi. Luego, después de despedirse con un gesto de la mano, pide nuevamente el micrófono y acaba: «Hermanos y hermanas, os dejo. Muchas gracias por vuestra acogida. Rezad por mí y hasta pronto. Nos veremos pronto. Mañana quisiera ir a rezar a la Virgen, para que proteja a toda Roma. Buenas noches y que descanséis».

Al abandonar el palacio apostólico para regresar a Santa Marta, el Papa se encuentra delante el gran coche negro con matrícula «SCV 1». Pero Francisco no lo coge: «Subo al minibús con los cardenales...». Hará lo mismo en la tarde del día siguiente para volver a la Sixtina a concelebrar la misa con los purpurados.

Cuentan que en la cena había un clima de fiesta, distendido. La Iglesia tenía por fin a un nuevo papa. Los ciento catorce «prisioneros» temporales del cónclave habían elegido al «prisionero» para toda la vida, aquel que se quedaría en el Vaticano. Francisco, cuando fue a despedirse de sus hermanos después de la cena, les miró y dijo: «Que Dios os perdone lo que habéis hecho».

Esa misma noche, el nuevo papa telefonea al obispo emérito Benedicto XVI. No es la única llamada telefónica que hace. Francisco llama también a casa de algunos amigos romanos. Y envía enseguida un mensaje al rabino jefe de Roma, Riccardo Di Segni: «En el día de mi elección como obispo de Roma y pastor universal de la Iglesia católica, le saludo cordialmente y le anuncio que la inauguración solemne de mi pontificado tendrá lugar el martes 19 de marzo. Confiando en la protección del Altísimo espero vivamente poder contribuir al progreso experimentado en las relaciones entre judíos y católicos a partir del Concilio Vaticano II, con un espíritu de colaboración renovada y al servicio de un mundo que pueda estar cada vez más en armonía con la voluntad del Creador».

Francisco inició el primer día del pontificado como de costumbre, con el despertador sonando muy temprano y una larga oración ante el tabernáculo. Luego, como había anunciado la tarde anterior, quiso rogarle a la Virgen que amparase y protegiese la diócesis de Roma. Poco antes de las ocho se presentó en la basílica de Santa María la Mayor para una visita privada. En una gran capilla de la nave izquierda de la más antigua iglesia dedicada a la Virgen se conserva el icono de la *Salus Populi Romani*. El nuevo papa entró llevando en la mano un ramo de flores y se detuvo en oración ante la imagen mariana. Luego fue al altar, bajo el cual se conserva una reliquia del Santo Pesebre. A continuación, en una capilla también llamada Sixtina, se acercó al altar en que san Ignacio de Loyola celebró, una Nochebuena, su primera misa: es un lugar de intenso simbolismo para los jesuitas. Francisco rezó después ante la tumba de san Pío V, el Papa de la batalla de Lepanto y de la misa del viejo rito; el pontífice dominico, el que inauguró la tradición del color blanco para los trajes papales, porque quiso mantener el hábito religioso de su orden.

Después de la oración, Francisco se reúne con el personal, los cardenales presentes y los confesores dominicos. «Misericordia, misericordia, misericordia…»: esta es la invitación que les hace al saludarles uno por uno. «Vosotros sois los confesores, así que sed misericordiosos hacia las almas. Lo necesitan», añade.

El nuevo papa llegó con un coche de la gendarmería vaticana, no con la berlina papal. Y llevaba una escolta reducida al mínimo. La tarde de la elección había querido hablar con el director de la Domus Sacerdotalis Paulus VI, la casa del clero de via della Scrofa 70 en Roma, donde solía alojarse durante sus estancias en la capital y donde había permanecido durante las dos semanas anteriores al cónclave. En los días de las congregaciones generales siempre se movió a pie tanto a la ida como a la vuelta.

El Papa avisó al director que pasaría a retirar su maleta y sus efectos personales, y también a pagar la cuenta. Y así fue. Francisco llegó al antiguo edificio situado a pocos pasos de la piazza Navona acompañado del prefecto de la Casa Pontificia, Georg Gänswein, y ante los rostros asombrados que parecían querer decirle «Santidad, está de broma, no pretenderá pagar en serio», él dio a entender: «Precisamente porque soy el Papa debo dar ejemplo».

A continuación quiso subir en persona a la habitación para recoger sus cosas, e hizo él solo su maleta como, por lo demás, solía hacer en cada viaje. Porque Jorge Mario Bergoglio siempre ha sido un obispo sin secretario. El Papa que rehúsa cochazo y escolta, que prefiere viajar con los «hermanos cardenales», que no se deja imponer las prendas ribeteadas de armiño, que no considera haber llegado a un nivel que le impida hacerse solo la maleta y pretender pagar la cuenta de la casa del clero, como cualquier otro huésped. Muchas pequeñas grandes señales. El mundo de hoy le pide a la Iglesia que dé testimonio del Evangelio más con la vida que con las palabras. Y debería ser normal, para un cristiano, comportarse con sobriedad y sencillez. Ciertas exhibiciones propias de una Iglesia triunfante quizá tuvieron un significado en el pasado, pero, desde luego, hoy aparecen alejadas de la época y de la sensibilidad común. Y en algunos casos incluso se arriesgan a ofrecer un testimonio en contra. En lugar de acercar, alejan. El papa Francisco, con su forma de ser él mismo hasta el fondo, atrae, como demuestra la extraordinaria reacción de tanta, tantísima gente en el mundo, impresionada y fascinada por su extraordinaria normalidad y por su sencillez.

«Es cierto que este papa creará algunos problemas inéditos a la seguridad vaticana —comentó el padre jesuita Federico Lombardi, director de la sala de prensa del Vaticano, que sin embargo añadió enseguida—: Pero los responsables de la seguridad están al servicio del Santo Padre y saben que deben adaptarse a su estilo pastoral.»

No es el Papa quien debe adaptarse a ciertas exhibiciones exageradas que en nombre de la seguridad estuvieron a punto de enjaular a Benedicto XVI en los últimos años de su pontificado. Es el entorno el que debe adaptarse al estilo del pontífice. Un pontífice que es obispo de Roma y que con su ciudad y diócesis pretende establecer una relación especial.

2

Si un papa dimite por vejez

Jorge María Bergoglio, Francisco, es el primer papa en la historia de la Iglesia elegido sucesor de un pontífice dimisionario por motivos de vejez. Los acontecimientos que han llevado a un obispo jesuita latinoamericano al solio vaticano empezaron la mañana de un lunes como cualquier otro, el 11 de febrero de 2013. Ese día, a las once, en la sala del Consistorio, Benedicto XVI debía presidir un consistorio público para la canonización de varios beatos. Se trata de Antonio Primaldo y sus compañeros († 1480), los mártires de Otranto; Laura de Santa Catalina de Siena Montoya y Upegui (1874-1949), virgen, fundadora de la Congregación de Misioneras de la Beata Virgen María Inmaculada y Santa Catalina de Siena; y María Guadalupe García Zavala (1878-1963), cofundadora de la Congregación de las Siervas de Santa Margarita María y de los Pobres. El Papa decretó que se incluyeran «en el Calendario de Santos del domingo 12 de mayo de 2013».

Pero Benedicto XVI no se detuvo ahí. Siguió leyendo una breve declaración en latín que llevaba su firma y la fecha del día anterior, con la que anunciaba su decisión de renunciar al pontificado por motivos de edad, comunicando que la sede de Pedro quedaría vacante a partir de las 20 horas del 28 de febrero. Un texto que hasta el amanecer del lunes no fue entregado a los traductores de la Secretaría de Estado, después de hacerles jurar que guardarían el secreto.

Con voz débil y rota por la emoción, el papa Ratzinger dice: «*Conscientia mea iterum atque iterum coram Deo explorata ad cognitionem certam perveni vires meas ingravescente aetate non iam aptas esse ad munus Petrinum aeque administrandum...*».

«Queridísimos hermanos —dice el Papa ante los cardenales atónitos y desprevenidos de lo que va a acontecer—, os he convocado a este consistorio no solo para las tres canonizaciones, sino también para comunicaros una decisión de gran importancia para la vida de la Iglesia. Después de haber examinado repetidamente mi conciencia ante Dios, he llegado a la certeza de que mis fuerzas, debido a mi edad avanzada, ya no son aptas para ejercer de un modo adecuado el ministerio petrino.»

«Soy muy consciente —añade Benedicto XVI— de que este ministerio, por su esencia espiritual, debe ejercerse no solo con palabras y hechos, sino también con oración y sufrimiento. Sin embargo, en el mundo de hoy, sujeto a cambios tan rápidos y sacudido por cuestiones de profunda relevancia para la vida de la fe, para gobernar la barca de san Pedro y anunciar el Evangelio son necesarias tanto la fortaleza de la mente como la del cuerpo, fortaleza que en los últimos meses ha disminuido en mí a tal punto que he debido reconocer mi incapacidad para cumplir adecuadamente el ministerio que se me encomendó.»

«Por esta razón —concluye el pontífice—, y muy consciente de la gravedad de este acto, con plena libertad declaro que renuncio al ministerio de obispo de Roma, sucesor de san Pedro, que me encomendaron los cardenales el 19 de abril de 2005, de modo que a partir del 28 de febrero de 2012 a las 20 horas, la sede de Roma, la sede de san Pedro, quedará vacante y se convocará, por aquellos a quienes compete, un cónclave que elegirá al nuevo Sumo Pontífice.»

El Papa termina dando las gracias a los cardenales «sinceramente por todo el amor y el esfuerzo con que habéis soportado conmigo el peso de mi ministerio, y pido perdón por todos mis defectos», asegurando que «en el futuro deseo servir devotamente a la Santa Iglesia de Dios con una vida dedicada a la oración».

Son apenas veintidós renglones en latín. Veintidós renglones que cambiarán la historia de la Iglesia. Justo después de leerlos, Benedicto XVI recibe el abrazo del cardenal decano del colegio cardenalicio, Angelo Sodano. Luego, con andar vacilante, en silencio, rodeado por los prelados de la Casa Pontificia con semblantes graves, Ratzinger regresa a los aposentos papales, donde permanecerá diecisiete días más. Allí, lejos de las miradas indiscretas, no resiste la emoción y se conmueve. Las lágrimas surcan su rostro de papa viejo y cansado. El rostro del primer papa dimisionario desde hace seis siglos.

Benedicto XVI ha dejado el pontificado con un anuncio insólito. Es una decisión clamorosa, tomada en soledad. Una decisión sopesada con tiempo y tomada a la vuelta del viaje de marzo de 2012 a México y Cuba, como escribirá el director de *L'Osservatore Romano*, Gian Maria Vian. Durante ese viaje, un éxito por la acogida tan calurosa que tuvo, el Papa había resbalado por la noche y se había hecho una pequeña herida en la cabeza.

Joseph Ratzinger llevaba tiempo meditando su decisión. Ya había hablado de este asunto en 2010, en respuesta a una pregunta de su amigo el periodista Peter Seewald: «Cuando un papa tiene clara conciencia de no estar ya física, mental y espiritualmente en condiciones de desempeñar el cargo que se le ha encomendado, entonces tiene el derecho, y en algunas circunstancias incluso el deber, de dimitir». Ratzinger había conocido de cerca el calvario de su predecesor, minado por la enfermedad, y ya entonces había dado a entender su intención de que esa experiencia no se repitiera. No quería llegar al extremo de ser «gestionado» por sus allegados.

En octubre de 2002, todavía cardenal, monseñor Pasquale Macchi le había entregado una copia de la carta con la que Pablo VI daba instrucciones a los cardenales en caso de incapacidad prolongada, invitándoles a convocar el cónclave. «Es una cosa muy sensata que deberían hacer todos los papas», comentó Ratzinger al ver esa fotocopia. Pero la hipótesis de Pablo VI se refería a una incapacidad grave y total. La última etapa del pontificado de Wojtyla estuvo marcada por el Parkinson, una enfermedad progresiva e invalidante. Nada de esto le ha sucedido a Benedicto XVI, que tiene artrosis y el corazón delicado.

«El Papa no está deprimido y no hay enfermedades», insistió su portavoz, el padre Federico Lombardi. «No hay signos de decadencia», confirmó en esas horas el médico papal, Patrizio Polisca, con una referencia discreta a unas facultades intelectuales que permanecían incólumes, como había demostrado el Papa apenas unos días antes con la meditación improvisada ante los seminaristas romanos.

Entonces, ¿qué ha pasado? ¿Por qué Ratzinger, antes de cumplir ochenta y seis años, ha tomado esta clamorosa decisión a sabiendas de que causará un enorme revuelo dentro y fuera de la Iglesia? «El hecho de encontrarme de repente con esta tarea inmensa —había dicho en la entrevista a Seewald a propósito de su elección— fue para mí un verdadero shock. Porque la responsabilidad es enorme… Me vino a la mente la guillotina: ahora cae y te da un tajo.»

El pontificado de Ratzinger fue difícil. Parecía una carrera de obstáculos, un viacrucis. Ataques, crisis, escándalos como el de la pederastia, tan demoledor, que el Papa afrontó con una determinación desusada; pero también tensiones en el gobierno de la curia, facciones, luchas intestinas. Se acumularon las dificultades y resistencias, algunos de los proyectos emprendidos por el pontífice quedaron estancados, desde la «reforma de la reforma» litúrgica hasta la paz con los secuaces de Lefebvre y el diálogo ecuménico. El caso Vatileaks sacó a relucir una realidad desoladora, que desde luego no podía reducirse a la traición del mayordomo Paolo Gabriele, como pudieron comprobar los tres veteranos y fidedignos cardenales Julián Herranz, Jozef Tomko y Salvatore De Giorgi, a quienes el Papa encargó una investigación interna cuyos resultados no se dieron a conocer ni siquiera a los cardenales antes del cónclave. El expediente ha pasado directamente a manos del nuevo papa Francisco.

En los últimos años Benedicto XVI había tenido que intervenir directamente varias veces para proteger a sus colaboradores, cuando en la tradición plurisecular de la Iglesia siempre había sido al revés. Las dificultades se acumularon hasta que la carga del pontificado se volvió insoportable.

Dos decisiones de los últimos meses del pontificado se entienden mejor después del anuncio por sorpresa de la renuncia: el pequeño consistorio de noviembre de 2012, con el que Ratzinger «corrigió» la anterior creación cardenalicia de febrero, demasiado curial y demasiado italiana, nombrando seis nuevos purpurados de varios continentes. La otra señal fue el nombramiento de su secretario Georg Gänswein como obispo y prefecto de la Casa Pontificia. Evidentemente, el Papa quiso protegerle ante su inminente dimisión. Ahora el arzobispo Gänswein desempeña el doble e inédito cargo de secretario particular del Papa emérito y prefecto de la Casa Pontificia del Papa reinante.

El anunció de Ratzinger pilló a casi todos por sorpresa. Solo al cardenal decano Angelo Sodano y al secretario de Estado Tarcisio Bertone se les había avisado discretamente. Pero sin consultarles. El Papa, sencillamente, les había anunciado la decisión tomada «ante Dios».

Para presentar su renuncia Benedicto XVI esperó a que llegara una calma relativa después del revuelo de Vatileaks. Fue un gesto de libertad y humildad, pidiendo «perdón por todos mis defectos» y dejando a su sucesor una tarea nada fácil. Un gesto que de alguna manera contribuyó a situar el papado en una dimensión de «normalidad» episcopal, con un obispo de Roma emérito que se retira a una residencia dentro del Vaticano para vivir en oración y «alejado de los ojos del mundo». Dentro de esos muros —nunca había sucedido— se alojarán ahora el nuevo pontífice y su predecesor. Es la última sorpresa de Ratzinger.

Cuando, el 24 de abril de 2005, durante la misa solemne por el inicio de su ministerio como obispo de Roma, Benedicto XVI pidió a los fieles que rezaran «para que yo no huya, por miedo, ante los lobos», nadie podía imaginar que su pontificado sería un viacrucis y que acabaría con el gesto clamoroso de la dimisión.

Elegido tras un cónclave relámpago que duró menos de un día, Joseph Ratzinger, que entonces tenía setenta y ocho años, dejó bien claro desde el principio que su estilo, a causa de su edad y formación, sería distinto del de su antecesor. El nuevo papa no quiso presentar «programas de gobierno», porque «mi verdadero programa de gobierno es no hacer mi voluntad, no seguir mis propias ideas, sino ponerme, junto con toda la Iglesia, a la escucha de la palabra y la voluntad del Señor y dejarme conducir por Él, de tal modo que sea él mismo quien conduzca a la Iglesia en esta hora de nuestra historia».

Ratzinger, al principio cohibido y esquivo, no tardó en adaptarse al papel de papa itinerante, que estrenó el Día Mundial de la Juventud celebrado en Colonia en agosto de 2005, una de las invenciones de su volcánico antecesor. Fue su primer gran baño de multitudes, la primera prueba, superada gracias a mensajes eficaces e imágenes fuertes, como la que comparaba la transformación del pan y el vino en cuerpo y sangre de Cristo con la fisión nuclear. Benedicto XVI, de ademanes contenidos al principio, dio lo mejor de sí en los discursos improvisados, sin ayuda de un texto escrito, como en el encuentro con los niños de la primera comunión en la plaza de San Pedro, el 15 de octubre de 2005, cuando el Papa se dejó entrevistar y a una pregunta sobre Jesús presente pero no visible en la eucaristía contestó: «Nosotros no vemos la corriente eléctrica, ¡son tantas las cosas que no vemos pero existen y son esenciales!».

Muchos pensaron que el Papa, por su edad, viajaría poco. Pero Ratzinger siguió los pasos de su antecesor. Como en el viaje a Polonia de mayo de 2006, que terminó con la visita a Auschwitz: «Tomar la palabra en este lugar de horror, de acumulación de crímenes contra Dios y contra el hombre que no tiene parangón en la historia, es casi imposible —dijo—, y especialmente difícil y deprimente para un cristiano, para un papa que procede de Alemania. En un lugar como este se queda uno sin palabras; en el fondo solo se puede guardar un silencio de estupor, un silencio que es un grito interior dirigido a Dios. ¿Por qué, Señor, callaste? ¿Por qué toleraste todo esto?».

El año 2006 también se produjo el primer incidente internacional. A Ratzinger le gustaba hablar de la relación entre fe y razón, y durante un viaje a Baviera revivió sus tiempos de profesor. Dio una conferencia en su vieja universidad de Ratisbona, y una cita antigua sobre Mahoma, que el pontífice no hacía suya, dio la vuelta al mundo y provocó protestas en el mundo islámico. A partir de entonces Benedicto XVI se prodigó en atenciones con los musulmanes y gestos amistosos hacia el islam.

A pesar de que cuando era cardenal le habían puesto el mote de *panzerkardinal* y muchos le consideraban el alma conservadora de Wojtyla, siendo ya papa Ratzinger hablaba continuamente de la «alegría de ser cristianos» y dedicó su primera encíclica al amor de Dios, *Deus caritas est*. En ella escribe: «No se comienza a ser cristiano por una decisión ética o una gran idea, sino por el encuentro con un acontecimiento, con una Persona, que da un nuevo horizonte a la vida y, con ello, una orientación decisiva».

El Papa teólogo, antes de convertirse en sucesor de Juan Pablo II, soñaba con retirarse, con dejar su trabajo en la curia romana para escribir un libro sobre Jesús de Nazaret. De modo que, pese a su nuevo cargo, Ratzinger dedicó los ratos libres y sobre todo las vacaciones a escribir la obra, en tres tomos, que se publicaron en 2007, 2011 y 2012. A estos tres ensayos se sumó el libro-entrevista de Peter Seewald, *Luz del mundo*, el mejor texto para conocer realmente quién es Joseph Ratzinger.

Benedicto XVI emprende viajes difíciles, se enfrenta a

la secularización galopante de las sociedades descristianiza-
das y a las disensiones en el seno de la Iglesia. Celebra su
cumpleaños en la Casa Blanca con George Bush y varios
días después, el 20 de abril de 2008, reza en la Zona Cero
abrazando a los parientes de las víctimas de los atentados
del 11 de septiembre.

Una última crisis se produjo en enero de 2009. El Papa
decidió levantar la excomunión a los cuatro obispos lefebvrianos. Uno de ellos era Richard Williamson, quien meses
antes, en una entrevista televisada, había negado la existencia de las cámaras de gas. En el mundo judío estallaron las
polémicas, el Papa se sintió solo y, ante el evidente desconcierto de la máquina curial de sus colaboradores, tomó
pluma y papel y escribió a los obispos de todo el mundo
asumiendo toda la responsabilidad. En otros tiempos, los
colaboradores de la curia eran el escudo del Papa. Con Ratzinger sucedió justamente lo contrario.

Un año después volvió a estallar el escándalo de la pederastia. Se publicaron documentos sobre antiguos casos
silenciados, desde Estados Unidos hasta Alemania. Hubo
incluso quien habló de llevar al pontífice ante los tribuna-
les para que respondiera de los delitos cometidos por los
sacerdotes. Benedicto XVI abordó la crisis de frente, sin
paliativos, modificando las reglas y pidiendo a la curia y a
los obispos del mundo que cambiaran de mentalidad.
Como ejemplo personal, en cada viaje se reunió con las
víctimas de los sacerdotes pederastas. Y durante un vuelo a
Portugal, en mayo de 2010, llegó a decir que la persecu-

ción más grave para la Iglesia no procedía de sus enemigos exteriores, sino del pecado dentro de la propia Iglesia.

Algunas de sus iniciativas aperturistas y pacificadoras en pro de la unidad de la Iglesia no se entendieron y no obtuvieron una respuesta positiva, como la de liberalizar la misa antigua preconciliar y entablar un diálogo con los lefebvrianos. Su último año estuvo marcado por la fuga de los documentos reservados, los Vatileaks, que dejaron al descubierto tensiones internas en los palacios vaticanos y denuncias de episodios de corrupción. Benedicto XVI se mostró sereno y defendió a capa y espada a sus colaboradores, empezando por el secretario de Estado, Tarcisio Bertone, que era blanco de ataques cada vez más frecuentes. Dio vía libre al juicio contra su mayordomo Paolo Gabriele, reo confeso de haber copiado y difundido los papeles. Pero luego, antes de Navidad, fue a verle en la cárcel y le concedió el indulto. A pesar de haber empezado a celebrar el Año de la Fe por el quincuagésimo aniversario de la apertura del Concilio Vaticano II, el Papa, cuya prioridad era la esencia del anuncio evangélico, lo dejó porque estaba cansado. No antes de haber llevado al sucesor de Pedro también a Twitter, como correspondía a un amigo de lo moderno.

La renuncia al papado es un hecho rarísimo en la historia de la Iglesia. Fueron pocos los obispos de Roma que renunciaron a su cargo, y hasta 2013 ninguno lo había hecho por motivos de edad y salud. De modo que ninguno de los casos del pasado puede compararse con lo sucedido con Benedicto XVI. En los albores de la Iglesia encontramos el caso del papa Clemente, tercer sucesor de Pedro después de Lino y Anacleto, en torno al año 92. Según la tradición, este papa fue el autor de una carta en la que se exhorta a los más generosos a apartarse en vez de provocar divisiones y discordias. Palabras que reflejarían la situación en que se hallaba quien las escribió.

Pero el primer caso documentado es el de Ponciano, decimoctavo obispo de Roma, elegido en torno al año 230. Cinco años después fue desterrado a Cerdeña y condenado a trabajos forzados en una mina. Renunció al cargo el 28 de septiembre de 235, permitiendo así que le sucediese Antero.

Tuvieron que pasar tres siglos para llegar al papa Silverio, hijo del papa Hormisdas y subdiácono de la Iglesia de Roma. Fue el rey Teodato quien le impuso en el solio en 536, y Silverio se dedicó a la lucha contra los monofisitas. Esta actividad molestó a la emperatriz Teodora, que ordenó su deposición y confinamiento en la isla de Palmarona.

Pasaron varios siglos y llegamos a Benedicto IX, que reinó de octubre de 1032 a septiembre de 1044. Ejemplo de «absoluta mundanidad e instrumentalización del poder papal», como se ha escrito en *L'Osservatore Romano*, fue obligado a renunciar por una rebelión popular. Logró deponer a su sucesor Silvestre III y volvió a ocupar el trono durante unas semanas en 1045, antes de ceder nuevamente el puesto, esta vez a Gregorio VI. Volvió a reinar por tercera vez tras la muerte súbita de Clemente II en octubre de 1047, pero fue derrocado por Enrique III, aunque siguió considerándose papa legítimo.

Llegamos así al gran precedente de dimisión papal, el de Celestino V, el monje ermitaño Pietro da Morrone (o Pedro de Morón), santo canonizado. Fue elegido papa en agosto de 1294, coronado en L'Aquila. Se retiró a Nápoles y renunció el 13 de diciembre de ese mismo año.

Pasamos finalmente a Angelo Correr, hijo del patricio veneciano Nicolò di Pietro, el último papa que dejó el trono antes de Benedicto XVI. Elegido en 1406, reinó hasta 1415 con el nombre de Gregorio XII y dimitió a petición del Concilio de Constanza, en uno de los períodos más agitados de la historia de la Iglesia, caracterizado por tres años de peleas y disputas jurídicas, pero también militares y diplomáticas. Tuvo que enfrentarse a los antipapas Benedicto XIII, elegido por la facción aviñonesa, y Juan XXIII (nombre que después adoptaría Angelo Roncalli en octubre de 1958) durante el cisma de Occidente. Ya de nuevo como Angelo Correr, el que fuera papa vivió en Recanati, donde murió el 18 de octubre de 1417.

El tema de la dimisión volvió a plantearse en el siglo pasado. Los progresos de la medicina habían alargado notablemente la vida, y a partir de Pío IX la dignidad de sucesor de Pedro se cargó de tareas y funciones difíciles de desempeñar por una persona que no estuviera en plena posesión de sus facultades físicas y mentales. Al parecer ya Pío IX, en el siglo Achille Ratti, papa de 1922 a 1939, sopesó en los últimos años de su vida la posibilidad de dimitir. Lo cierto es que lo hizo, dos veces, su sucesor Eugenio Pacelli, el papa Pío XII. Elegido en vísperas del estallido de la Segunda Guerra Mundial, el Papa se enteró de un plan de Adolf Hitler, quien pretendía secuestrarle y deportarle de Italia. Informó a sus allegados más cercanos de que, en el caso de ser deportado por los alemanes, «se llevarían al cardenal Pacelli, no al Papa», como reveló más tarde el cardenal Domenico Tardini, por entonces su estrecho colaborador en la Secretaría de Estado. Pío XII escribió la carta de dimisión y se la entregó al cardenal Manuel Gonçalves Cerejeira, patriarca de Lisboa, nombrado cardenal junto con Pacelli en el consistorio de diciembre de 1929. La elección no era casual: Portugal era un país neutral, no había entrado en guerra. Si deportaban al Papa, los cardenales habrían podido reunirse y elegir un nuevo pontífice. Al final de la guerra ese documento fue destruido.

Pero Pío XII también estuvo a punto de dimitir varios años después, en 1954, cuando enfermó. Cuando se recuperó, la idea fue descartada. El pensamiento de la dimisión también rondó a su sucesor, el beato Juan XXIII. Según reveló su secretario, monseñor Loris Capovilla: «Está grabada nítidamente en mi memoria la conversación con el obispo Alfredo Cavagna, confesor y consejero de Juan XXIII, un viernes de cuaresma de 1963, por la tarde, cuyo contenido no puse por escrito al instante: monseñor sale de la estancia del Papa después de oír su confesión y mantener una larga conversación con él sobre los esquemas del concilio. Me convoca en el salón y, sin preámbulos, tal vez suponiendo que yo sabía algo, me dice que el Papa no puede dimitir… Es evidente que en el transcurso de la conversa-

ción, Juan XXIII, dado su estado de salud y en previsión de
la inmensa tarea que le esperaba en el concilio, se declaró
dispuesto a renunciar al papado».

La hipótesis vuelve otra vez a plantearse con Pablo VI.
Según cuenta el jesuita padre Dezza, su confesor, «estaba
angustiado por la idea de que una enfermedad le dejase
incapacitado para el trabajo, por el daño que eso causaría a
la Iglesia». El papa Montini sopesó seriamente, varias veces,
la posibilidad de renunciar. Tuvo la previsión de escribir
una carta de dos páginas, de su puño y letra, en la que invitaba a los cardenales a convocar el cónclave en caso de
quedar incapacitado de forma permanente y sin poder
anunciar a tiempo su dimisión. Además, Pablo VI tomó seriamente en consideración la posibilidad de dejar el pontificado al cumplir los ochenta años, el mismo límite de edad
que había impuesto a los purpurados para ingresar en el
cónclave. Parece que la decisión ya estaba tomada, y expli-
caría el pequeño consistorio de 1977 (en el que recibieron
la púrpura Giovanni Benelli y Ratzinger). Pero luego dio
marcha atrás y decidió permanecer en el cargo.

En tiempos recientes el problema se planteó de nuevo
con la larga e invalidante enfermedad de Juan Pablo II. El
beato Karol Wojtyla analizó varias veces con sus colaboradores la posibilidad de dimitir.

El cardenal español Julián Herranz, prelado del Opus
Dei, reveló que al final del pontificado de Wojtyla le con-
sultaron sobre el asunto de la dimisión. En un libro recoge
el apunte que hizo el 17 de diciembre de 2004 «después de

una conversación» con el arzobispo Stanislaw Dziwisz, entonces secretario del Papa y hoy cardenal de Cracovia. Leemos: «Por lo que se refiere a la posibilidad de renunciar por motivos de salud, escribí en aquella nota algo que ahora me parece oportuno darlo a conocer, como ejemplo de la obediencia y de la prudencia heroicas de Juan Pablo II: "Se ha limitado (don Estanislao) a comentar que el Papa —que personalmente está muy desapegado del cargo— vive abandonado a la voluntad de Dios. Se pone en manos de la Divina Providencia. Además, teme crear un peligroso precedente para sus sucesores, porque alguno de ellos podría quedar expuesto a maniobras y presiones sutiles por parte de quien deseara su deposición"».

Por lo tanto, la renuncia de Benedicto XVI abre un capítulo inédito. ¿Cómo se va a llamar? ¿Qué va a hacer ahora? ¿Volverá a ser un simple obispo? Los canonistas de varias escuelas de pensamiento consideraron que a Ratzinger habría que llamarle «ex obispo de Roma» o «ex papa». Y también sería oportuno que renunciara a la vestimenta papal blanca para asumir de nuevo la episcopal, no la cardenalicia, porque con la elección de un pontífice él quedaría fuera del colegio de purpurados.

Pero el portavoz del Vaticano padre Federico Lombardi, citando a monseñor Gänswein, explicó la decisión de Ratzinger: se llamará «Papa emérito», seguirá vistiendo una simple túnica blanca (pero sin la muceta) y conservará el nombre de «Su Santidad Benedicto XVI».

El miércoles 27 de febrero, en una plaza de San Pedro

inundada de sol, el Papa, ya en vísperas de renunciar, celebra su última audiencia general frente a una multitud. Son peregrinos de todos los rincones de Italia y el mundo, llegados para despedirse del obispo de Roma que deja el pontificado para retirarse en clausura. El último discurso de Benedicto XVI en la plaza de San Pedro es un himno a la esperanza, a la confianza en Dios. Casi un retrato del sucesor que dos semanas después se asomaría a la galería central. Un texto que merece ser leído con atención, en profundidad. Una *summa* del pensamiento de Joseph Ratzinger, «el humilde trabajador de la viña del Señor».

«¡Veo la Iglesia viva! La barca de la Iglesia no es mía, no es nuestra, sino del Señor, que no deja que se hunda; es Él quien la guía...» Un testamento espiritual y una lección para los cardenales que tendrán que elegir al nuevo papa. Con serenidad y determinación, Benedicto XVI, cada vez más menudo y frágil, termina sus ocho años de pontificado mostrando, a pesar de todo, el rostro alegre y positivo de una Iglesia del pueblo. No hace balances, sino que indica con el ejemplo a su sucesor qué es y qué debe hacer el Papa, mediante una catequesis simple. Distante años luz de los juegos de poder clerical, de las facciones, de las estrategias de política eclesial alejadas de la realidad, de los escándalos, de los mensajes autorreferenciales, de la imagen de una Iglesia ostentosa que se mira al ombligo. Un mensaje que la muchedumbre de peregrinos, llegados a saludarle por última vez, comprende perfectamente y escucha conmovida.

En la lección de Benedicto XVI hay ante todo gratitud por las «noticias» que le han llegado esos años de todos los rincones del mundo sobre la fe y la caridad que «circula por el cuerpo de la Iglesia». El Papa, que una vez más se muestra completamente sereno y en paz consigo mismo tras la decisión tomada, al describir su pontificado, nada fácil, señala: «Ha sido un trecho del camino de la Iglesia que ha tenido momentos de alegría y de luz, pero también momentos nada fáciles». Alusión explícita a las dificultades del pontificado, a los escándalos y ataques que se habían sucedido en esos ocho años. Para repasarlos Ratzinger recuerda el pasaje evangélico que describe la barca de los apóstoles en medio de la tempestad: «Me he sentido como san Pedro con los apóstoles en la barca en el lago de Galilea… ha habido también momentos en los que las aguas se agitaban y el viento era contrario, como en toda la historia de la Iglesia, y el Señor parecía dormir. Pero siempre supe que en esa barca estaba el Señor y siempre supe que la barca de la Iglesia no es mía, no es nuestra, sino que es suya. Y el Señor no deja que se hunda».

Viene a la mente otra imagen de una barca, protagonista de la última homilía de Ratzinger cardenal, durante la misa de inauguración del cónclave de 2005. Entonces había hablado de la «pequeña barca» del pensamiento de muchos cristianos, zarandeada por una serie negativa de «ismos», del ateísmo al agnosticismo. Ahora, en el momento de la renuncia, el Papa no sigue a los «profetas de la desgracia». No hace ninguna alusión pesimista, sino que invita a todos a «confiarnos como niños en los brazos de Dios, seguros de que esos brazos nos sostienen siempre y son los que nos permiten caminar cada día, también en la dificultad». Luego añade: «Me gustaría que cada uno se sintiera amado por ese Dios que ha dado a su Hijo por nosotros y que nos ha mostrado su amor sin límites. Quisiera que cada uno de vosotros sintiera la alegría de ser cristiano». Una mirada positiva y de misericordia.

En su discurso, Benedicto XVI tiene palabras de agradecimiento para los cardenales, para su secretario de Estado y para sus colaboradores. No quiere avalar la versión de que detrás de su renuncia están las innegables tensiones en la curia. De modo que habla de las cartas que le han mandado muchas «personas sencillas» que «no me escriben como se escribe, por ejemplo, a un príncipe o a un personaje a quien no se conoce», sino «como hermanos y hermanas o como hijos e hijas». En ellas se puede «palpar lo que es la Iglesia: no una organización ni una asociación con fines religiosos o humanitarios, sino un cuerpo vivo, una comunión de hermanos y hermanas». Palabras que los fieles de todo el mundo oirán pronto de labios de su sucesor, Francisco.

En sus palabras dedicadas a la renuncia, Benedicto XVI afirma que ha «pedido a Dios con insistencia», al notar que sus fuerzas disminuían, que le ilumine para tomar «la decisión más adecuada no para mi propio bien, sino para el bien de la Iglesia». Explica que ha dado este paso «con plena conciencia de su importancia y también de su novedad,

pero con una profunda serenidad de ánimo». Una serenidad que se refleja en su rostro durante estas últimas apari-
ciones públicas. «Amar a la Iglesia —explica— significa
también tener el valor de tomar decisiones difíciles, dolorosas, teniendo siempre delante el bien de la Iglesia y no el
de uno mismo.»

Por último Ratzinger recuerda que quien asume el
ministerio petrino ya no tiene ninguna privacidad, «perte-
nece siempre y totalmente a todos». La renuncia no significa «una vuelta a lo privado», volver a hacer lo que se
hacía antes de ser papa. Significa permanecer «en el servicio de la oración», permanecer «en el recinto de San Pedro». «No abandono la cruz —concluye, respondiendo a
quienes han comentado su gesto comparándolo con la actitud distinta de Juan Pablo II, que se quedó en el solio
hasta el final—, permanezco de manera nueva junto al Señor Crucificado.»

A la mañana siguiente se celebra una reunión con los
cardenales en la sala Clementina. Uno de los que se quedan
más tiempo con el Papa es el arzobispo de Buenos Aires,
Jorge Mario Bergoglio. Por la tarde Benedicto XVI sale del
Vaticano y en helicóptero, después de un sugestivo paseo
panorámico sobre la Ciudad Eterna, se dirige al palacio de
Castel Gandolfo, donde residirá durante varios meses, mientras terminan las obras de acondicionamiento en el monas-
terio de clausura que está dentro del Vaticano.

3

El cónclave del padre Jorge

El miércoles 27 de febrero, a las ocho de la mañana, tres cardenales electores coinciden en las cintas de recogida de equipajes de las llegadas internacionales, en el aeropuerto Leonardo da Vinci de Roma-Fiumicino.

Han llegado a la misma hora en vuelos procedentes de Buenos Aires, São Paulo y Manila. Son Jorge Mario Bergoglio, Odilo Pedro Scherer y Luis Antonio Tagle. Los dos primeros van vestidos de *clergyman*. El tercero viste de paisano y todavía parece un muchacho. Se conocen, se aprecian, se saludan. Cuando el padre Bergoglio, al día siguiente, se tropiece en la sala Clementina con el cardenal Tagle vestido con la sotana ribeteada de rigor, la faja roja y el solideo, le dirá bromeando: «¿Sabes que ayer en el aeropuerto había un chico que se te parecía muchísimo...?».

Hummes, arzobispo emérito de São Paulo y prefecto emérito de la Congregación para el Clero, tomará asiento al lado de Bergoglio en la capilla Sixtina, durante el cónclave. Los dos se conocen desde hace mucho, son amigos.

Al día siguiente 28 de febrero, a las ocho de la tarde, la sede apostólica queda vacante. Este 28 de febrero es un día especial en la vida del padre Bergoglio. Ese mismo día, quince años antes, moría el arzobispo de Buenos Aires, el cardenal Antonio Quarracino, y Bergoglio, que era su coadjutor, le sucedió al frente de la diócesis de la capital argentina. Es imposible que esta coincidencia de fechas le pasara inadvertida al cardenal jesuita. ¿Una premonición?

El futuro Papa se aloja, como de costumbre, en la Domus Sacerdotalis Paulus VI, la casa del clero de via della Scrofa 70. Es donde se queda siempre, las pocas veces que viaja a Roma. Porque Bergoglio es un cardenal que no sale apenas de su diócesis. En via della Scrofa le conocen todos, el personal y los sacerdotes que se hospedan allí y celebran de nuevo con él la misa matutina. El precónclave empieza con las congregaciones generales, reuniones de cardenales para discutir sobre el futuro de la Iglesia, sus necesidades y sus graves problemas.

Bergoglio suele madrugar mucho para dedicar bastante tiempo a la oración delante del tabernáculo. Los días anteriores al cónclave se desplaza a pie, sin el solideo, cruzando las callejuelas del centro de Roma para llegar al Vaticano. La expectación de los medios es enorme, miles de periodistas han llegado de todo el mundo a la Ciudad Eterna. Los cardenales se reúnen en el Aula Nueva del Sínodo y al otro lado de la verja de la plaza del Sant'Uffizio les esperan enjambres de reporteros, fotógrafos y camarógrafos. Son las horcas caudinas del circo mediático. Los teleobjetivos escrutan las caras de los «papables». El padre Bergoglio llega a buen paso, pero casi nadie le reconoce. Los telediarios de esos días recogerán varias veces su presencia sin que nadie le aborde y le haga preguntas.

Qué distinta es la situación, comparada con la de ocho años antes. Entonces el arzobispo de Buenos Aires, como 113 de los 115 cardenales electores del sucesor de Juan Pablo II, tenía su primera experiencia de cónclave. Roma estaba invadida por los peregrinos llegados para rendir homenaje al gran papa Wojtyla. Esa muchedumbre incesante que día y noche había desfilado ante los restos del pontífice polaco influyó de alguna manera en los cardenales. Se imponía una elección rápida. Y alguien estaba disponiéndolo todo para facilitar la elección de Ratzinger. En la curia, el cardenal colombiano Alfonso López Trujillo fue el gran valedor de Benedicto XVI. El cónclave fue rápido. Los cardenales se reunieron la noche del 18 de abril de 2005 y la tarde siguiente, en la cuarta votación, ya había papa. El cardenal más votado después de Ratzinger fue justamente el arzobispo de Buenos Aires. Fue una sorpresa para él, no estaba preparado. Un reducido número de hermanos le había expresado su respaldo y eso había bastado para que muchos más se fijaran en él. En el segundo recuento de la mañana Bergoglio obtuvo cuarenta papeletas con su nombre escrito debajo de la leyenda «*Eligo in Summum Pontificem*». Pero algo sucedió durante la pausa del almuerzo. Aunque las preferencias por Ratzinger iban en aumento, para entonces el grupo de partidarios de Bergoglio ya había alcanzado un nivel que, si no le permitía elegir a alguien, obligaba a que se contara con él.

Luego, en la primera votación de la tarde, el vuelco: el cardenal argentino perdió varios votos, aunque seguía conservando un número considerable, y Ratzinger salió elegido. Aquella noche, después de la primera bendición Urbi et Orbi y de la cena, el cardenal Bergoglio salió de su habitación de la Casa Santa Marta y se acercó a la del Papa. Quería hablar con él, pero ya estaban vigilándola los guardias vaticanos, y renunció. Quizá por este motivo, recién elegido, la noche del 13 de marzo de 2013 quiso seguir compartiendo la mesa y los momentos de vida en común con sus «hermanos cardenales».

Si repasamos la historia reciente de los cónclaves, podemos comprobar que por lo general un candidato que ha quedado segundo en un cónclave no es elegido papa en la siguiente ocasión. Y además el padre Bergoglio tiene ya setenta y seis años.

Los días anteriores al cónclave de Francisco fueron difíciles. Estuvieron marcados por intentos de presión y también por la historia, complicada y comprometedora, de las acusaciones contra el cardenal escocés Keith O'Brien.

Los días anteriores a la sede vacante el señalado había sido el arzobispo emérito de Los Ángeles, Roger Mahony. Varias asociaciones de víctimas de la pederastia alzaron la voz para pedir su exclusión del cónclave, ya que el purpurado no había sabido afrontar algunos escándalos de sacerdotes que habían abusado de niños y chicos. También la prensa, e incluso los periódicos católicos, hizo sondeos de opinión contra el purpurado estadounidense, con la intención de que se retirara o de que una decisión del Vaticano le excluyera de la Sixtina.

Había algo desconcertante en las crecientes polémicas sobre Mahony. Según sus acusadores, su actitud al encubrir, dar respuestas inadecuadas y echar tierra sobre casos de curas pederastas de su diócesis durante los años ochenta y noventa le inhabilitaban para participar en la votación que elegiría al sucesor del dimisionario Joseph Ratzinger. Pero la Constitución Apostólica *Universi Dominici Gregis*, promulgada en 1996 por Juan Pablo II, afirma: «Todos los cardenales electores, convocados por el decano, o por otro cardenal en su nombre, para la elección del nuevo pontífice, están obligados, en virtud de santa obediencia, a dar cumplimiento al anuncio de convocatoria y a acudir al lugar designado al respecto, a no ser que estén imposibilitados por enfermedad u otro impedimento grave, que deberá ser reconocido por el colegio cardenalicio». Desde hace tiempo el derecho del elector del Papa a ejercer su voto sin presiones o condicionamientos está reconocido en las normas aprobadas en el cónclave.

La idea de que existan purpurados indignos de ejercer el más importante de los derechos que les confiere su estado, y de que esta «indignidad» se determine mediante polémicas en los medios, es un precedente peligroso. En efecto, siempre podrá haber alguien que, considerándose más puro, acuse a otro de no ser digno de entrar en la Sixtina. La Iglesia siempre procuró —aunque a veces no lo logró— mantener la elección papal al margen de las influencias e injerencias externas. En 2005 hubo protestas por la participación en el cónclave del arzobispo emérito de Boston, Bernard Law, obligado a dimitir años antes por la gestión de los casos de pederastia clerical en su diócesis, pero las campañas contra su participación no tuvieron la intensidad de las que se desataron contra Mahony.

En este caso también cabe recordar que el cardenal emérito de Los Ángeles había cometido errores y omisiones en el pasado al afrontar los casos de los sacerdotes pederastas. Pero desde que Juan Pablo II y el cardenal Ratzinger, hace más de diez años, publicaron las nuevas normas para manejar estas situaciones, Mahony fue de los que las aplicaron con diligencia. Prueba de ello son varios documentos que atestiguan su firmeza a la hora de aplicar las reglas. Estamos, pues, ante un ejemplo de cambio positivo en la manera de abordar el problema.

Tampoco se puede ocultar que durante décadas la propia curia romana trató de quitar importancia a estos escándalos. ¿Por qué debería renunciar Mahony al cónclave, y no quienes en años no lejanos apoyaron, dentro del Vaticano, una línea de actuación distinta de la ahora vigente? ¿O quienes, en la curia de Wojtyla, protegieron, dándole un respaldo incondicional, al fundador de los Legionarios de Cristo, Marcial Maciel, un abusador en serie?

La batalla contra la participación del cardenal Mahony en el cónclave, en nombre de la corrección política, fue por tanto una presión indebida que habría convertido el cónclave en una mala copia de *reality show*, con concursantes «nominados» por un público que votaría su expulsión del concurso vía SMS.

La Santa Sede intervino con una nota durísima en las acusaciones, pero genérica en cuanto a los señalados. Entre otras cosas, porque Mahony no era el único: recordemos los escándalos de pederastia en Irlanda y Bélgica, con la consiguiente petición de exclusión del cónclave de los cardenales Danneels y Brady. De modo que la Secretaría de Estado quiso blindar la elección pontificia frente a las polémicas internacionales, a las que en Italia se habían sumado las pestilencias de los Vatileaks y los fantasmas del informe secreto de los tres cardenales. La nota vaticana arremete contra las noticias «no verificadas o no verificables, o simplemente falsas, incluso con grave perjuicio para las personas y las instituciones» con las que se pretende condicionar a los cardenales antes del cónclave.

«A través de los siglos, los cardenales han debido hacer frente a múltiples formas de presión ejercidas sobre los electores individuales y sobre el mismo colegio y cuyo fin era condicionar sus decisiones, doblegándolas a lógicas de tipo político o mundano. Si en el pasado —continúa la nota—, eran las denominadas potencias, es decir, los estados, los que intentaban hacer valer sus condicionamientos en la elección del Papa, ahora se intenta poner en juego el peso de la opinión pública, a menudo sobre la base de evaluaciones que no reflejan el aspecto típicamente espiritual del momento que la Iglesia está experimentando.» Por eso «Es deplorable que, a medida que se acerca el inicio del cónclave y los cardenales electores estarán obligados, en conciencia y ante Dios, a expresar con plena libertad su elección, se multiplique la difusión de noticias, a menudo no verificadas o no verificables, o simplemente falsas, incluso con grave perjuicio para las personas y las instituciones». Y la nota concluye diciendo: «Nunca como en estos momentos, los católicos se centran en lo esencial: rezan por el papa Benedicto XVI, rezan para que el Espíritu Santo ilumine al colegio cardenalicio, rezan por el futuro pontífice».

A esta nota vaticana se sumó otra intervención, también enérgica, del portavoz de la Santa Sede, padre Federico Lombardi, en estos términos: «No falta quien busca aprovecharse del momento de sorpresa y desorientación de los espíritus débiles para sembrar confusión y arrojar descrédito sobre la Iglesia y su gobierno, recurriendo a instrumentos antiguos —como la maledicencia, la desinformación, a veces la misma calumnia— o ejerciendo presiones inaceptables para condicionar el ejercicio del deber de voto por parte de uno u otro miembro del colegio cardenalicio, considerado no agradable por una razón u otra». Eran tonos insólitamente graves. También era atrevida la comparación de las críticas mediáticas a las jerarquías eclesiásticas con la época remota en que reyes y emperadores interferían en la elección del sucesor de Pedro.

Justo cuando empezaba a aplacarse la polémica sobre el caso Mahony, estalló la bomba O'Brien. Varios ex seminaristas acusaron al cardenal escocés de haberles acosado en los años ochenta. Al principio el purpurado lo negó todo, pero luego admitió su responsabilidad: «Hubo momentos en que mi conducta sexual cayó por debajo de lo esperable en un sacerdote, arzobispo y cardenal». O'Brien pidió perdón «a quienes he ofendido, a la Iglesia católica y al pueblo de Escocia». El papa Benedicto XVI, ya en vísperas de su renuncia al pontificado, aceptó la dimisión presentada varios meses antes por el arzobispo de Edimburgo por razones de edad, pero no le quitó la púrpura ni por ende la facultad de elegir al nuevo pontífice. O'Brien siguió siendo elector. Fue él mismo quien anunció su decisión de no ir a Roma para participar en el cónclave. Él y el arzobispo emérito de Yakarta, que no salió de Indonesia por motivos de salud, fueron los dos electores ausentes.

Faltando pocos días para la sede vacante, Benedicto XVI decidió hacer algunas modificaciones de última hora en las reglas del cónclave con el *motu proprio Normas nonnullas* fechado el 22 de febrero de 2013, festividad de la Cátedra de San Pedro.

La novedad más significativa del documento radicaba en dos renglones añadidos a un párrafo de la Constitución vigente sobre la elección del Papa: «Dejo al colegio cardenalicio la facultad de adelantar el inicio del cónclave...». Por lo tanto, el Papa dimisionario establecía que las votaciones para elegir a su sucesor podían empezar en la clausura de la capilla Sixtina varios días antes de los quince transcurridos desde el inicio de la sede vacante que dictaminó Juan Pablo II en 1996.

Este posible adelanto debían decidirlo las congregaciones de cardenales, cuyo inicio estaba previsto para el lunes 4 de marzo. Los purpurados, todos los que se hallaran en Roma —y no solo los menores de ochenta años con derecho a entrar en el cónclave—, podían fijar una fecha adelantada siempre que estuvieran presentes todos los electores, que quienes no pudieran acudir a Roma por distintos motivos hubieran comunicado de un modo explícito su decisión de no participar, y que dicha decisión fuera ratificada por el colegio cardenalicio.

Así quedó el párrafo 37 de la Constitución una vez modificado: «Establezco, además, que desde el momento en que la sede apostólica esté legítimamente vacante, los cardenales electores presentes esperen durante quince días completos a los ausentes; dejo además al colegio cardenalicio la facultad de adelantar el inicio del cónclave si consta la presencia de todos los cardenales electores, como también la de retrasar varios días, si hay motivos graves, el inicio de la elección. Pero transcurridos como máximo veinte días desde el comienzo de la sede vacante, todos los cardenales electores presentes deben proceder a la elección».

Benedicto XVI no «adelanta» el cónclave ni sugiere a los cardenales que lo hagan: les brinda la posibilidad de decidirlo, teniendo en cuenta la circunstancia completamente inédita por la que pasa la Iglesia, con un Papa dimisionario y la fecha de inicio de la sede vacante conocida con mucha antelación.

Por lo tanto no se modificó nada sustancial en la modalidad de elección. El papa Ratzinger ya había hecho una modificación mucho más importante varios años antes, cuando volvió a poner en vigor la norma de que siempre, en cualquier circunstancia, aun después de decenas de votaciones insuficientes, para elegir al pontífice hacía falta la amplia mayoría de dos tercios de los purpurados electores.

El lunes 4 de marzo, un día soleado pero frío, los cardenales se reúnen y empiezan a discutir. Muchos hablan de colegialidad y de reformar la curia. Nunca antes en un precónclave tantos purpurados habían pedido públicamente un cambio de rumbo en la gestión de la «máquina» curial vaticana, averiada no solo por el escándalo Vatileaks —el robo y la difusión de documentos secretos de la mesa de la secretaría papal—, sino también por disfunciones y falta de coordinación. Los cardenales, que intervienen uno tras otro en un diálogo cordial pero de una franqueza inusitada, abordan el asunto de la organización de los dicasterios, de su coordinación, de la conexión con las conferencias episcopales. Indicaciones que el papa Francisco difícilmente podrá desconocer. Peticiones dictadas por experiencias no precisamente positivas sobre la relación entre Roma y los obispados.

Varios purpurados de peso abordan sin rodeos el asunto, bien pidiendo informaciones sobre el expediente Vatileaks, bien hablando de la necesidad de un cambio de rumbo en la gestión de la curia y la Secretaría de Estado. Consideran que las respuestas a la primera petición no han sido exhaustivas, porque el papa Ratzinger ha dispuesto que la *Relatio* preparada por los purpurados Herranz, Tomko y De Giorgi sobre la fuga de documentos y, en general, sobre ciertos escándalos curiales, sea entregada a su sucesor, no a los cardenales antes del cónclave. De todos modos las tres eminencias investigadoras dan algunas informaciones, en entrevistas personales, a los purpurados electores que las habían pedido. Aun así, en la sala resuenan los nombres de presuntos implicados, importantes empleados laicos del Vaticano e importantes dirigentes italiano que en los últimos años han mantenido una excelente relación con la secretaría de Estado. El cardenal Tarcisio Bertone, antiguo secretario de Estado —que desempeña la función de camarlengo, con una autoridad específica y particular durante la sede vacante—, recibe muchas críticas por su gestión.

En cuanto a la curia en general, tanto antes como después de que el cardenal Francesco Coccopalmerio, presidente del Pontificio Consejo para los Textos Legislativos, presente algunas propuestas de reforma, otros purpurados consideran inaplazables unos cambios que Benedicto XVI no ha logrado introducir, como él mismo, ya dimisionario, había admitido con pena durante la ceremonia del Miércoles de Ceniza.

Se habla, por lo tanto, de la necesidad de mejorar la conexión entre el Papa y los jefes de dicasterio: hace falta un acceso y una comunicación constante con el pontífice. Hace tiempo existían las audiencias llamadas de *tabella*, encuentros prefijados con un calendario que abarcaba todo el año y se podía conocer con antelación. No solo los prefectos de las congregaciones, sino también los secretarios, es decir, los segundos en la jerarquía, tenían acceso al Papa, que así podía recibir información directa de los problemas y tomar decisiones. En los últimos años estas audiencias de *tabella* se habían reservado para algunos jefes de dicasterio, como los prefectos de los obispos y del antiguo Santo Oficio. La Secretaría de Estado se había interpuesto cada vez más: recientemente un cardenal, jefe de dicasterio, había tenido que esperar muchos meses antes de poder reunirse con el pontífice.

En el precónclave también se habla de mejorar la coordinación y el intercambio de información, dentro de la propia curia, entre los distintos «ministerios», así como de la relación entre el centro y la periferia, entre la Santa Sede y las conferencias episcopales, para prestar más atención a las necesidades de las iglesias locales. De reforzar el espíritu colegial para que no se repitan los escándalos y disputas que han marcado la vida de la curia en los últimos años.

Se suceden las intervenciones en pro de una gestión distinta del gobierno central de la Iglesia. Toman la palabra el alemán Walter Kasper, el austríaco Christoph Schönborn, el húngaro Peter Erdö, el peruano Juan Luis Cipriani Thorne, el francés André Vingt-Trois, el español Antonio María Rouco Varela, el indio Ivan Dias, el esloveno Franc Rodé y el italiano Giovanni Battista Re. La necesidad de cambiar el paso, de reforzar el espíritu colegial, de una figura papal menos aislada y menos eclipsada por la Secretaría de Estado, son elementos que influirán en el cónclave.

En las congregaciones generales también se habla bastante de la gestión del IOR, el «banco vaticano», tocado el último año por el episodio, aún sin aclarar, de la expulsión de su presidente Ettore Gotti Tedeschi.

Pero sería un error pensar que la discusión de los purpurados se limita a los problemas de la curia. La necesidad más sentida por los cardenales es la nueva evangelización: ¿cómo seguir por la senda trazada por el papa Benedicto? ¿Cómo anunciar de nuevo el Evangelio a quienes se han apartado de la fe en las sociedades secularizadas? La misión, el anuncio cristiano, son los temas más presentes en el debate.

El cardenal Bergoglio, cuando toma la palabra la mañana del jueves 7 de marzo, invierte en su alocución apenas tres minutos y medio de los cinco permitidos. Habla del «anuncio gozoso del amor y la misericordia de Dios», de una Iglesia que se acerca a las personas allí donde viven. Es una intervención que impresiona. «Ha hablado con el corazón», comentan varios purpurados, que esperaban su palabra. En estos días de discusión, reuniones, comidas, cenas y pausas para el café, es cuando va tomando forma la candidatura del arzobispo de Buenos Aires. En su caso no hay verdaderos valedores ni campañas organizadas con tiempo. Hay más bien un aprecio general y consolidado. Quienes piensan más en él son los cardenales asiáticos y africanos, algunos suramericanos, algunos estadounidenses, pero también algunos italianos de la curia.

En el cónclave la geopolítica cuenta poco. Aunque Bergoglio es el primer papa latinoamericano, la procedencia geográfica no es el elemento fundamental que ha determinado su elección. De modo que, mientras todos los medios se entretienen haciendo cábalas sobre los «papables» —el italiano Angelo Scola, arzobispo de Milán; el canadiense Marc Ouellet, prefecto de la Congregación de Obispos; los estadounidenses Sean Patrick O'Malley y Timothy Michael Dolan, respectivamente azobispos de Boston y Nueva York—, varios purpurados empiezan a pensar en Bergoglio, quien pocas veces aparece en la lista de favoritos confeccionada a diario por la prensa internacional.

Después de casi una semana de reuniones, las propuestas están encima de la mesa y las candidaturas se consolidan. Sin embargo, la sensación es de que este cónclave va a ser más complicado que el de ocho años antes.

Es lunes 11 de marzo. Para hoy está prevista la última congregación general previa al cónclave, que va a empezar veinticuatro horas después. El padre Bergoglio, en la casa del clero de via della Scrofa, esta mañana no celebra la misa sino que la sirve, es decir, es acólito —él, cardenal— de uno de los sacerdotes que se hospedan temporalmente aquí. Es un gesto que dice mucho de su profunda humildad y recuerda lo que quiso hacer algunas veces también el papa Luciani, ser el acólito de su secretario John Magee. Son las seis y media de la mañana. La tarde del día siguiente, este anciano obispo jesuita que sirve la misa a un cura joven oirá varias veces su nombre cuando se recuenten las papeletas bajo la bóveda de la capilla Sixtina.

El martes 12 de marzo el viento y la lluvia azotan Roma. En San Pedro, el cardenal Angelo Sodano preside la misa *pro eligendo Pontifice*, concelebrada por todos los purpurados, tanto los electores menores de ochenta años como los no electores más viejos, que no se van a recluir en cónclave.

Sodano lleva la misma casulla roja que había usado Ratzinger ocho años antes. Entonces el decano del colegio, en la misa anterior al cónclave que le elegiría, había hablado con acento preocupado de la situación de la Iglesia, atacada en varias partes del mundo: «¡Cuántos vientos de doctrina hemos conocido durante estos últimos decenios!, ¡cuántas corrientes ideológicas!, ¡cuántas modas de pensamiento!», había dicho Ratzinger, que van «del marxismo al liberalismo, hasta el libertinaje; del colectivismo al individualismo radical; del ateísmo a un vago misticismo religioso; del agnosticismo al sincretismo, etcétera». «La misericordia de Cristo no es una gracia barata, no implica trivializar el mal», había concluido el cardenal bávaro antes de ser elegido con una avalancha de votos.

La homilía de Sodano, en cambio, es un himno a la misericordia: el amor de Jesús «es un amor que se hace sentir sobre todo en contacto con el sufrimiento, la injusticia, la pobreza, con todas las fragilidades del hombre, físicas y morales». Es «una misión de misericordia (…) encomendada por Cristo a los pastores de su Iglesia», pero que «compromete más al obispo de Roma». El perfil trazado por el viejo decano del colegio, que no entra en el cónclave pero ha presidido las congregaciones generales, no es el de un papa administrador, fustigador de la curia, ni el de un papa rigorista que lanza continuos anatemas contra las sociedades secularizadas. La Iglesia no necesita un sheriff ni un director general. Necesita un pastor, un auténtico y apasionado testigo del Evangelio que dé esperanza a los corazones. La imagen que proyecta Sodano es la imagen positiva de un pastor entregado sobre todo a la evangelización, al anuncio de Cristo, que «es la máxima obra de caridad» y también «el primer y principal factor de desarrollo», como recuerda el cardenal decano citando al papa Ratzinger y la *Populorum progressio* de Pablo VI.

En su homilía Sodano habla de la unidad de la Iglesia y del servicio especial que presta el Papa en pro de esta unidad, y también afirma «que todos debemos colaborar para edificar la unidad de la Iglesia (...) Todos, por lo tanto, estamos llamados a cooperar con el sucesor de Pedro». Una posible alusión a las voces que se han elevado pidiendo una gestión más colegiada del gobierno central de la Iglesia. Sodano recuerda que «cuanto más alto y universal es el oficio pastoral, más grande debe ser la caridad del pastor».

El cardenal, que fue secretario de Estado del papa Wojtyla y en los primeros años de pontificado del papa Ratzinger, también dice que la Santa Sede, en el camino trazado por los últimos pontífices, debe tomar «iniciativas benéficas para los pueblos y la comunidad internacional, promoviendo sin descanso la justicia y la paz. Oremos para que el futuro Papa pueda continuar esta labor incesante a escala mundial». Es una alusión a la presencia internacional de la Santa Sede, que en los últimos años ha dado la impresión de quedar relegada en las grandes situaciones de crisis.

Sodano termina su homilía con la invocación a Dios «para que nos conceda un pontífice que cumpla con corazón generoso» la misión de «presidir en la caridad».

Sería un error extraer conclusiones impropias de la meditación espiritual del purpurado italiano, pero el perfil que se desprende de sus palabras se ajusta bastante bien a la figura de Bergoglio. Tanto en la intervención del arzobispo de Buenos Aires en las congregaciones generales como en la homilía de Sodano, la palabra clave, en efecto, es «misericordia».

A las cuatro y media de la tarde los 115 cardenales electores pasan de la capilla Paulina a la Sixtina invocando al Espíritu Santo. Delante, en su calidad de decano, va Giovanni Battista Re. Cada uno jura sobre el Evangelio que guardará secreto sobre la elección y, en caso de resultar elegido, se pondrá al servicio de Pedro. «Prometemos, nos obligamos y juramos que cualquiera de nosotros, que por divina disposición, sea elegido Romano Pontífice, se comprometerá a desarrollar fielmente el *Munus Petrinum* de Pastor de la Iglesia Universal y no cesará de afirmar y defender hasta la extenuación los derechos espirituales y temporales, además de la libertad de la Santa Sede.»

Después del «*extra omnes*», «fuera todos», pronunciado

por el maestro de ceremonias pontificias, Guido Marini, los electores escuchan una meditación del cardenal Prosper Grech —mayor de ochenta años y por lo tanto excluido del cónclave— y deciden proceder de inmediato a una primera votación.

La primera votación, como en unas primarias, sirve para saber cuántas y cuáles son las candidaturas. Jorge Bergoglio parte desde el principio con apoyos significativos; otros votos son para los cardenales Angelo Scola, Marc Ouellet y Odilo Pedro Scherer. El arzobispo de Buenos Aires, por lo tanto, no es ningún desconocido, no es un candidato para el segundo o el tercer día en caso de que las votaciones no avancen. Por él se inclinan purpurados asiáticos y africanos, latinoamericanos y estadounidenses, e incluso algunos curiales italianos.

No hay que olvidar la intervención de Bergoglio en las congregaciones generales, ni que en los últimos años, después del cónclave de 2005, la autoridad del cardenal argentino ha ido en aumento. Por ejemplo, durante la reunión del CELAM de Aparecida (2007) y los sínodos de obispos en los que ha participado.

Las primarias del cónclave, esa tarde del martes 12 de marzo, ponen de manifiesto la consistencia de su candidatura.

Por la noche, en la Casa Santa Marta, los cardenales cenan, hablan y rezan. La noche que separa la primera votación de la segunda sirve para meditar y volver a la Sixtina con ideas más claras. El miércoles 13 de marzo por la mañana los cardenales se dan prisa en votar. La fumata del mediodía es negra. Pero la votación al final del primer día de cónclave indica que Bergoglio acusa el «efecto Ratzinger», es decir, que poco a poco va sumando apoyos, en cascada, sin interrupción, hasta la fumata blanca del miércoles por la tarde. «Los cardenales suramericanos —diría después el cardenal brasileño Raymundo Damasceno— apreciaron mucho el valor de Bergoglio, y está claro que el favor de muchos confluyó sobre él.»

El último recuento del día es el decisivo. El cardenal de Buenos Aires ya se había acercado a los dos tercios en la votación anterior. Mientras se procede al recuento, su amigo el cardenal Claudio Hummes, que está sentado a su lado, le da ánimos. Hummes también le ayudará a elegir su nombre de nuevo papa. A las 19.05 —hora fijada por el cardenal Angelo Comastri— el cardenal de Buenos Aires, después de contestar «accepto» a la pregunta del decano, les dice a los electores: «*Vocabor Franciscus*», «Me llamaré Francisco».

Será el propio pontífice quien explique la elección del nombre en una reunión con periodistas el 16 de marzo. Es la primera vez en los dos mil años de historia de la Iglesia que un sucesor de Pedro decide llamarse Francisco, y desde la tarde de la elección algunos han sugerido que el *Poverello* de Asís no es el verdadero inspirador del nombre.

«Algunos desconocían por qué el obispo de Roma ha querido llamarse Francisco —dice el papa Bergoglio—, de modo que pensaron en san Francisco Javier o en san Francisco de Sales…» Estas fueron, efectivamente, algunas interpretaciones de quienes consideraban demasiado raro que un papa jesuita tomara el nombre del santo de los franciscanos. No fue una decisión meditada con antelación, sino tomada tras el abrazo cariñoso de un amigo.

«Durante la elección tenía a mi lado al arzobispo emérito de São Paulo, también prefecto emérito de la Congregación para el Clero, el cardenal Claudio Hummes, ¡un gran amigo, un gran amigo! —cuenta el Papa—. Cuando la cosa se iba poniendo peligrosa él me confortaba —añade, refiriéndose al aumento progresivo e imparable de apoyos que recibía—. Y cuando los votos llegaron a los dos tercios vino el aplauso de costumbre, porque había sido elegido papa. Y él me abrazó, me besó y me dijo: "¡No te olvides de los pobres!".»

«Esa palabra —prosiguió el Papa— entró aquí: los pobres, los pobres. Mientras continuaba el recuento pensé en san Francisco de Asís, en su relación con los pobres. Y después pensé en las guerras. Francisco, el hombre de la paz. Así es como entró el nombre en mi corazón: Francisco de Asís. Para mí es el hombre de la pobreza, el hombre de la paz, el hombre que ama la creación y la cuida; en este momento nosotros tenemos una relación no demasiado buena con la creación, ¿no? Es el hombre que nos da este espíritu de paz, el hombre pobre… ¡Ah, cómo desearía una Iglesia pobre y para los pobres!»

Queda así explicada, pues, la génesis del inédito nombre papal, que concluye con una afirmación muy significativa. Francisco habla de la Iglesia de los pobres y al mismo tiempo, desde el comienzo de su pontificado, manda señales concretas en este sentido. En aquella ocasión el Papa siguió hablando y les contó a los periodistas, con sentido del humor, lo que habían dicho otros cardenales. «Después, algunos bromearon conmigo: "Tú como deberías llamarte es Adriano, porque Adriano VI fue el reformador, hay que reformar…".» Y es que los cardenales habían hablado mucho los días anteriores de una posible reforma de la curia. Pero es evidente que para el Papa esta no es la prioridad que le define.

«Y otro me dijo: "No, tu nombre debería ser Clemente". "¿Por qué?" "Clemente XV: ¡así te vengas de Clemente XIV, que suprimió la Compañía de Jesús!"» Aquel último Clemente, que suprimió y disolvió la orden en 1773, era un papa franciscano. Ironías de la vida: el primer jesuita elegido obispo de Roma escoge el nombre del *Poverello* de Asís: le gustaría o, mejor dicho, quiere una Iglesia pobre y para los pobres.

4

El *risotto* de casa Bergoglio

Es una bochornosa mañana de enero de 1929. La familia de Giovanni Bergoglio llega a Buenos Aires después de una larga travesía. A pesar del aire caliente y cargado de humedad, la abuela del Papa, Rosa Margherita Vasallo —una señora elegante—, lleva un abrigo con el cuello de zorro, algo totalmente fuera de lugar para aquellas temperaturas. En el forro están las ganancias de la venta de los bienes de la familia. Los Bergoglio habían partido de Portacomaro (Portacomé en piamontés), un pequeño municipio de la provincia de Asti, en el Piamonte. Habían llegado allí provenientes de Castelnuovo, en la misma provincia, a principios del siglo xix.

Las negociaciones para completar la transacción habían retenido a la familia más tiempo del previsto, de modo que los Bergoglio no habían podido embarcar en el *Principessa Mafalda*, que naufragaría al norte del Brasil, provocando una centena de muertos. En cambio, habían partido con retraso, embarcando en el *Giulio Cesare*. En Portacomaro, los Bergoglio regentaban una confitería. Si lo dejaban todo para emigrar, no era tanto por motivos económicos: a pesar de que no se habían recuperado del todo después de la Gran Guerra, en realidad no tenían una verdadera necesidad de dejar Italia. Los Bergoglio habían elegido Argentina sobre todo para reunirse con sus parientes: en aquella tierra de la otra parte del mundo había ya tres hermanos del abuelo del futuro Papa que habían hecho fortuna en Sudamérica. No hay que excluir tampoco un motivo político, tal como ha explicado la hermana del Papa, María Elena Bergoglio: «La situación era difícil, pero las cosas que necesitaba nuestra familia no nos faltaban. Recuerdo que mi padre repetía a menudo que la llegada del fascismo era la razón que realmente le había empujado a abandonar Italia».

«Tres hermanos de mi abuelo estaban acá desde el año 1922 —les explicaba el cardenal Jorge a los periodistas Sergio Rubin y Francesca Ambrogetti en el libro-entrevista *El jesuita* (publicado en Argentina en 2010 por la editorial Vergara)—, y habían creado una empresa de pavimentos en Paraná. Allí levantaron el palacio Bergoglio, de cuatro pisos, que fue la primera casa de la ciudad que contó con ascensor… En cada piso vivía un hermano.»

Mario Bergoglio, hijo de Giovanni y Rosa, padre del futuro Papa, tenía por entonces veintiún años. Sería uno de los 535.000 emigrantes italianos que fueron a Argentina en aquella década. Los vínculos con los parientes de Portacómaro seguirían siendo siempre sólidos.

Aun siendo cardenal, Bergoglio ha mantenido el contacto con sus primos piamonteses, enviándoles correos electrónicos en los que insertaba siempre alguna expresión piamontesa.

«Hubo el salto de los pioneros, y luego vinieron las llamadas cadenas migratorias, los que llegaron con la ayuda de amigos y parientes esperando alguna oportunidad», explica el profesor Fernando J. Devoto, autor de una *Storia degli italiani in Argentina*.

«Con la crisis de 1932 —cuenta también el futuro Papa— se quedaron sin nada y tuvieron que vender hasta la bóveda [el panteón] de la familia. Uno de mis tíos abuelos, el presidente de la firma, ya había muerto de cáncer, otro empezó de nuevo y le fue muy bien, el menor se fue a Brasil y mi abuelo pidió prestados 2.000 pesos y compró un almacén. Papá, que era contador y que en la pavimentadora trabajaba en la administración, lo ayudaba haciendo el reparto de la mercadería con una canasta, hasta que consiguió un puesto en otra empresa. Empezaron de nuevo con la misma naturalidad con que habían venido. Creo que eso demuestra la fuerza de la raza.»

Cuenta el futuro Papa que en el origen del traslado a Argentina estaba el concepto, «muy europeo y, especialmente, muy italiano», de «mantener unida a la familia». Mario Bergoglio se casó con Regina Sivori, argentina de orígenes genoveses y piamonteses, el 12 de diciembre de 1935. Un año después, el 17 de diciembre de 1936, nacería su primer hijo, Jorge Mario. La familia vivía en el barrio Flores de Buenos Aires, en un chalet revestido de azulejos de color burdeos. «Creo que mis padres lo compraron —ha contado la hermana del Papa— porque tenía una cocina enorme. Y que después de haberlo comprado ya no sabrían dónde meter a sus cinco hijos.»

«Cuando yo tenía trece meses —recordaba el futuro Papa—, mamá tuvo mi segundo hermano; somos en total cinco. Los abuelos vivían a la vuelta y, para ayudar a mamá, mi abuela venía a la mañana a buscarme, me llevaba a su casa y me traía a la tarde. Entre ellos hablaban piamontés y yo lo aprendí. Querían mucho a todos mis hermanos, por supuesto, pero yo tuve el privilegio de participar del idioma de sus recuerdos.»

«A papá —cuenta Bergoglio en el libro-entrevista— jamás le vi una señal de nostalgia… Por ejemplo, nunca hablaba piamontés conmigo… prefería mirar hacia delante. Recuerdo que una vez yo estaba contestando, en un italiano bastante defectuoso, una carta de una profesora de papá que me había escrito al seminario. Le pregunté cómo se escribía una palabra y lo noté impaciente. Me contestó rápido, como para terminar la conversación, y se fue.»

Sin embargo, la falta de nostalgia no significa olvido de los propios orígenes. «Nuestro padre hablaba de Italia: de cómo se vivía, de los valores. Nos educó en el amor a nuestra tierra de origen.» Pero lo hizo dirigiéndose siempre en español a sus hijos Jorge Mario, Alberto Horacio, Óscar Adrián, Marta Regina y María Elena. De los hermanos Bergoglio, solo María Elena llegará a ver a Jorge Mario aparecer vestido de blanco en la galería central de la basílica de San Pedro. No sin emoción, el nuevo papa todavía es capaz de recitar de memoria un poema en piamontés, *Rassa nostrana*, de Nino Costa, aprendido de labios de sus abuelos. Un poema que empieza con estas palabras:

> *Drit et sincer, cosa ch'a sun, a smijo:*
> *teste quadre, puls ferm e fidic san*
> *a parlo poc ma a san cosa ch'a diso*
> *bele ch'a marcio adasi, a va luntan.*

> («Rectos y sinceros, son lo que parecen:
> cabezas duras, pulso firme e hígado sano;
> hablan poco, pero saben lo que dicen;
> aunque caminan despacio, llegan lejos».)

Según el papa Bergoglio, *Il grande esodo* de Luigi Orsenigo es el libro que contiene las reflexiones más significativas sobre el drama de la emigración.

A la pregunta de si jugaba con sus padres, Jorge Bergoglio contesta afirmativamente: «[Jugaba] a la brisca y otros juegos de naipes. Como papá jugaba al baloncesto en el club San Lorenzo, nos llevaba a veces. Con mamá escuchábamos los sábados a las dos de la tarde las óperas que pasaba Radio del Estado (hoy Radio Nacional). Nos hacía sentar alrededor del aparato y, antes de que comenzara la ópera, nos explicaba de qué trataba. Cuando estaba por empezar algún aria importante, nos decía: "Escuchen bien…". La verdad es que estar con mamá, los tres hermanos mayores, los sábados a las dos de la tarde, gozando del arte, era una hermosura».

Bergoglio recuerda de buena gana los momentos compartidos en familia, entre ellos los que transcurrían cocinando. «Mamá quedó paralítica después del quinto parto, aunque con el tiempo se repuso. Pero, en ese lapso, cuando llegábamos del colegio la encontrábamos sentada pelando papas y con todos los demás ingredientes dispuestos. Entonces, ella nos decía cómo teníamos que mezclarlos y cocinarlos, porque nosotros no teníamos idea: "Ahora, pongan esto y esto otro en la olla y aquello en la sartén…", nos explicaba. Así aprendimos a cocinar. Todos sabemos hacer, por lo menos, milanesas.»

Como obispo, Bergoglio ha tenido menos tiempo para cocinar; pero «cuando vivía en el colegio máximo, de San Miguel, como los domingos no había cocinera, yo cocinaba para los estudiantes». ¿La calidad? «Bueno, nunca maté a nadie…»

La hermana del Papa, María Elena, ha contado así la vida en familia al periódico italiano *La Repubblica*: «Antes de tenerme, ya que soy la más pequeña, doce años más joven que Jorge, mamá perdió otro hijo. Y tenía trece años cuando nuestro padre Mario murió de un infarto. Pero hasta entonces, en 1959, éramos una familia feliz. Sobre todo, una familia italiana: *tanos*, así nos llaman en Argentina. Recuerdo el carácter sagrado de los domingos: primero a misa, en la iglesia de San José; luego las larguísimas comidas hasta bien avanzada la tarde. Aquellas comidas infinitas y divinas, con cinco, seis y hasta siete platos. Y con los dulces. Éramos pobres, pero con gran dignidad, y siempre fieles a la que para nosotros era la tradición italiana. Mamá era una cocinera excepcional. Hacía la pasta fresca, los *cappelletti* con el ragú, el *risotto* piamontés y un pollo al horno para chuparse los dedos. Siempre decía que cuando se casó con papá no sabía ni hacer un huevo frito. Luego la abuela Rosa, que en 1929 había huido del Piamonte porque era antifascista, le había enseñado los trucos. Para nosotros, la abuela Rosa era una heroína, una mujer valentísima. No olvidaré nunca cuando nos contaba que en su país, en Italia, se subía al púlpito de la iglesia para condenar la dictadura, a Mussolini, el fascismo».

La hermana de Francisco también ha explicado las afinidades de carácter entre el nuevo papa y su padre. «Papá Mario era contable y era también el único que trabajaba en casa. Y Dios sabe cuánto esfuerzo le costó criarnos. Cuando llegó a Argentina tenía ya su titulación, pero no se la reconocieron y entonces encontró trabajo en una fábrica. Pero no podía firmar los registros, los firmaba otro. Y por eso le pagaban menos de lo debido.

»Era un hombre siempre alegre —prosigue María Elena—; mi hermano Jorge Mario me lo recuerda muchísimo. No se enfadaba nunca. Y nunca nos pegó. Esta era la gran diferencia entre las familias de inmigrantes italianos y las otras familias de Argentina. El hombre era la autoridad en casa, pero sin machismo. A nosotros, incluso a Jorge que era el mayor, nos aterrorizaban las miradas de papá si sabíamos que habíamos hecho alguna travesura. A él realmente le bastaba la mirada. A veces habría preferido recibir cien latigazos antes que tener que aguantar una mirada suya de reproche. Me aniquilaba. Estaba enamoradísimo de mamá, y siempre le traía regalos. Me cogía de la mano y salíamos a hurtadillas cuando volvía del trabajo para comprarle algo, cualquier cosa, a mamá. Jorge siempre me ha recordado un poco a ambos. A mamá, porque también él cocina muy bien, hace unos calamares rellenos fantásticos; pero sobre todo me recuerda a papá. Los domingos papá se traía trabajo a casa. Apoyaba aquellos enormes libros de contabilidad sobre la mesa de la sala de estar y encendía el tocadiscos, que difundía la música por toda nuestra pequeña casa. Escuchaba ópera, y a veces canciones populares italianas. La música clásica era la banda sonora de nuestros domingos. Todavía hoy, Jorge es como papá: la gusta la ópera y de vez en cuando un buen tango; y también Édith Piaf. Y como papá, es el único de entre nosotros que es hincha del San Lorenzo.»

La familia Bergoglio no era acomodada, pero tampoco carecía de lo necesario. «Éramos decorosamente pobres —recuerda la hermana del Papa—; en casa no se tiraba nada. Mamá lograba sacar algunas prendas de vestir para nosotros hasta de las cosas de nuestro padre. Una camisa rota, un pantalón raído, se arreglaban, se remendaban y pasaban a ser nuestros. Quizá venga precisamente de ahí la extrema frugalidad de mi hermano, y también la mía. Pero había un problema: mamá no podía poner en la mesa dos veces seguidas el mismo plato; papá se ofendía. Entonces, con todo lo que sobraba se inventaba otras cosas. Lo disfrazaba.»

De niño, Jorge jugaba al fútbol con los chicos del barrio de su misma edad. Le gustaba el deporte. Y al crecer se haría también un apasionado del tango. A los doce años sentía simpatía por una jovencita del vecindario. Se llamaba Amalia. Hoy vive todavía en el mismo barrio, rodeada de hijos y nietos. «Siempre ha sido un tipo gracioso, pero galante —cuenta—. Nos separaron nuestras familias», inmigrantes piamonteses de buenos principios, para quienes ambos eran todavía demasiado pequeños para el amor. La mujer no considera nada serio su simpatía por Jorge: «¡Qué va! Solo éramos niños, lo nuestro era algo muy inocente. Hemos crecido juntos, pero yo empecé a frecuentarlo más cuando cumplimos los doce años». Amalia habla de una infancia serena y tranquila: «Jugábamos sobre todo en la acera o en los parques de los alrededores. Empezamos a pasar todas las tardes juntos». Según ella, ya a aquella edad el futuro Papa había percibido su vocación. «Una vez me dijo: "¡Si no te casas conmigo, me hago cura!"; así que de seguro la idea le rondaba ya por la cabeza, pero necesitaría unos años antes de decidirse.» En realidad, Jorge Bergoglio contaría una historia distinta con respecto a las circunstancias que le llevaron a abrazar la vida sacerdotal y a entrar en la Compañía de Jesús.

Cuando acabó la escuela primaria, su padre le dijo que, además de estudiar, tendría que ponerse también a trabajar. «Mira, como vas a empezar el secundario, conviene que también comiences a trabajar; en las vacaciones te voy a conseguir algo.» Jorge, que tenía solo trece años, lo miró con desconcierto. En casa no parecían vivir en tales estrecheces como para hacer necesario que el hijo buscara trabajo. «No nos sobraba nada —ha contado el futuro Papa en el libro-entrevista *El jesuita*—, no teníamos auto ni nos íbamos a veranear, pero no pasábamos necesidades.» Aunque no comprendiera las razones de la petición, Jorge aceptó obediente la voluntad de su padre.

Trabajó primero en una fábrica de calcetines que era cliente del mismo despacho contable en el que colaboraba su padre. Durante los primeros años se ocupó de la limpieza. En su tercer año de trabajo le confiaron alguna tarea administrativa, y a partir del cuarto cambió decididamente su vida cotidiana y el tiempo dedicado al trabajo. En efecto, Jorge empezó a asistir a una escuela técnica especializada en química de la alimentación, lo que le permitiría entrar en un laboratorio donde trabajaría desde las siete de la mañana hasta la una de la tarde. Le quedaba solo una hora para comer antes de entrar en el aula para asistir a las clases del instituto, que se prolongaban hasta las ocho de la tarde. Una vida intensísima, fatigosa, ardua, dividida entre estudio y trabajo. Y sin embargo, el futuro Papa siempre agradecería a su padre aquella decisión que le comunicó cuando tenía solo trece años.

«Le agradezco mucho a mi padre que me haya mandado a trabajar —ha comentado Bergoglio—. El trabajo fue una de las cosas que mejor me hizo en la vida y, particularmente, en el laboratorio aprendí lo bueno y lo malo de toda tarea humana.» Bergoglio recuerda en particular el

ejemplo de la persona responsable del laboratorio, una mujer: «Allí tuve una jefa extraordinaria, Esther Balestrino de
Careaga, una paraguaya simpatizante del comunismo que
años después, durante la última dictadura, sufrió el secues-
tro de una hija y un yerno, y luego fue raptada junto con
las desaparecidas monjas francesas: Alice Domon y Léonie
Duquet, y asesinada… La quería mucho. Recuerdo que
cuando le entregaba un análisis, me decía: "Che… ¡qué rápido que lo hiciste!". Y, enseguida, me preguntaba: "¿Pero
este dosaje lo hiciste o no?". Entonces, yo le respondía que
para qué lo iba a hacer si, después de todos los dosajes de
más arriba, ese debía dar más o menos así. "No, hay que
hacer las cosas bien", me reprendía. En definitiva, me ense-
ñaba la seriedad del trabajo. Realmente, le debo mucho a
esa gran mujer».

5

La confesión del 21 de septiembre

La vocación de Jorge Mario Bergoglio se presenta como una llamada cuyo día y hora es posible reconstruir. Aunque a toro pasado, como siempre ocurre, haya quien esté dispuesto a asegurar que siempre lo había sabido y previsto, debemos dar crédito al directo interesado, que habla de esa llamada como de un acontecimiento que trastorna su vida, como de algo que irrumpe de forma inesperada, en un determinado momento. Un Dios que, antes de que tú lo busques, te viene a buscar.

El futuro Papa tenía diecisiete años y se preparaba para celebrar el «día del estudiante», una fiesta por el comienzo de la primavera, es decir, en el hemisferio sur del mundo, el 21 de septiembre. En aquella época Jorge Mario sentía simpatía por una chica de Acción Católica. «Sí, era del grupo de amigos con los que íbamos a bailar. Pero después descubrí la vocación religiosa», contó Bergoglio en el libro-entrevista *El jesuita*.

Ese 21 de septiembre también él se prepara para celebrar el día del estudiante con sus compañeros. Tienen programada una excursión al campo. Pero el día tomará un cariz completamente distinto. En efecto, Jorge acude a su parroquia, a la iglesia de San José de Flores. No hay un motivo particular para esa visita, y sin embargo se produce en ella un encuentro decisivo. Allí conoce a un sacerdote que le transmite una profunda espiritualidad. El joven decide confesarse con él. Y durante esa confesión Jorge Mario «descubre» su vocación religiosa. Se percata de haber sido llamado. Ocurre algo que le cambia la vida, hasta el punto de que decide no reunirse con los amigos que le esperan en la estación de ferrocarril. En cambio, vuelve a casa, porque en su fuero interno ha decidido hacerse sacerdote.

«En esa confesión me pasó algo raro, no sé qué fue, pero me cambió la vida; yo diría que me sorprendieron con la guardia baja —les contó Bergoglio a los periodistas Rubin y Ambrogetti—. Fue la sorpresa, el estupor de un encuentro; me di cuenta de que me estaban esperando. Eso es la experiencia religiosa: el estupor de encontrarte con quien te está esperando. Desde ese momento para mí Dios se convirtió en aquel que te precede. Uno lo está buscando, pero Él te busca primero. Uno quiere encontrarlo, pero Él nos encuentra primero.»

Pero Bergoglio añade también otra característica, destinada a convertirse en el núcleo de su actividad de sacerdote, de obispo y ahora de papa: el origen de la vocación religiosa no fue solo «el estupor de un encuentro», sino también la forma misericordiosa en que Dios lo llamó.

La hermana del nuevo papa ha contado que en esa

época Jorge estaba a punto de declararse a una chica. «En aquel tiempo, es cierto, había una posible novia, me lo ha contado a menudo él mismo, pero sin decirme nunca el nombre. Era una chica de su grupo de amigos, los del picnic. Ese día de primavera, el 21 de septiembre, se le tenía que declarar. Pero si continúo explicando mi hermano acabará excomulgándome…» En lugar de declararse durante la excursión al campo con los amigos, acude a la parroquia y comprende que su camino o, mejor dicho, el camino que Alguien le estaba indicando, es otro.

Su ingreso en el seminario no se produce justo después de esa llamada. En efecto, pasarán aún cuatro años. La decisión estaba tomada, pero mantenida en el corazón, protegida y cultivada. «De momento la cosa acaba ahí», confirma el protagonista. Jorge continúa trabajando en el laboratorio de análisis, completa sus estudios, no habla aún con nadie de la voluntad de hacerse sacerdote. «Viví la experiencia de la soledad, una "soledad pasiva", o sea, de esas que se sufren aparentemente sin motivo, o por una crisis o por una pérdida.» Es como si aquella perturbadora llamada, acompañada de la experiencia de la misericordia, hubiese tenido necesidad de madurar. «Mi cabeza no estaba concentrada en cuestiones religiosas —contó en el libro-entrevista—, tenía una inquietud política, que de todos modos no iba más allá del plano intelectual. Leía *Nuestra palabra y propósito*, un periódico del partido comunista, y me encantaban los artículos de los más importantes hombres de cultura… Pero nunca me hice comunista.»

Durante los siguientes años, antes del ingreso en el seminario, Jorge enferma gravemente.

A los veintiún años está a punto de morir por una infección en los pulmones. En un momento en que la fiebre
ha subido, Jorge abraza a su madre y le pide desesperado:
«¡Dime qué me pasa!». Regina María no sabe qué respon-
der, porque también los médicos están desconcertados. Se
le diagnostica una pulmonía grave y se le detectan tres
quistes. Una vez derrotada la infección, después de resta-
blecerse un poco, Jorge debe someterse a la extirpación de
la parte superior del pulmón derecho. Las semanas de con-
valecencia son difíciles; los dolores, terribles, debido al mé-
todo entonces utilizado para sacar el líquido que se formaba en el pulmón.

Al joven Bergoglio, ingresado en el hospital, le moles-
tan las palabras de circunstancias que le dicen los amigos y
parientes que acuden a visitarlo: «Ya verás que se te pasa
enseguida», o bien: «Ya verás qué bien cuando puedas volver a casa». Tiene que afrontar un dolor y vivir un sufrimiento que no reciben ningún consuelo de aquellas frases.
Todo cambia cuando llega a su cabecera una visitante especial, que prescinde de las frases hechas. Es una religiosa,
la hermana Dolores, que lo había preparado para tomar la
primera comunión.

«Me dijo algo que me quedó grabado y que me dio
mucha paz:"Estás imitando a Jesús".» Así, a la luz de aquellas palabras, también el sufrimiento diario adoptaba un valor distinto. No desaparecía, pero sí adquiría sentido. «El

dolor —explicó Bergoglio en el libro-entrevista *El jesuita*— no es una virtud en sí mismo, pero puede ser virtuosa la forma de vivirlo. Nuestra vocación es la plenitud y la felicidad, y en esta búsqueda el dolor es un límite. Por eso, el sentido del dolor se comprende de verdad a través del dolor del Dios hecho hombre, Jesucristo.»

A este respecto el futuro Papa recuerda el diálogo entre un agnóstico y un creyente escrito por el novelista Joseph Malègue. El agnóstico decía que, para él, el problema era que Cristo no fuese Dios, mientras que para el creyente consistía en lo que habría sucedido si Dios no se hubiese encarnado, no hubiese venido a la tierra para darle un sentido a nuestro camino. «Por eso —explica Bergoglio—, la clave es considerar la cruz una semilla de resurrección. Todo intento de aliviar el dolor conseguirá resultados parciales, si no se basa en la trascendencia. Comprender y vivir el dolor con plenitud es un don. Más aún: vivir con plenitud es un don.»

Bergoglio considera que también la Iglesia en algunos momentos de su historia ha exagerado el tema del sufrimiento. Y recuerda, a este respecto, que su película preferida es *El festín de Babette*, estrenada en 1987, con guión y dirección de Gabriel Axel, y basada en el relato homónimo de Karen Blixen. «Se ve en ella un caso típico de exageración de límites y prohibiciones. Los protagonistas son personas que viven en un calvinismo puritano exagerado, hasta el punto de que la redención de Cristo se vive como una negación de las cosas de este mundo. Cuando llega la frescura de la libertad, el derroche para una cena, todos acaban transformados. En realidad esa comunidad no sabía qué era la felicidad. Vivía aplastada por el dolor. Estaba vinculada a la palidez de la vida. Tenía miedo del amor.»

Quizá sea también esa la razón por la que el nuevo papa incluye entre sus cuadros preferidos la *Crucifixión blanca* de Chagall: «No es cruel, está llena de esperanza. El dolor se muestra allí con serenidad. A mi juicio es una de las cosas más bellas que pintó Chagall». Para Bergoglio, «la vida cristiana es dar testimonio con alegría, como hacía Jesús. Santa Teresa decía que un santo triste es un triste santo».

Volviendo al dolor, el futuro Papa considera que lo que necesita la persona que sufre «es saber que alguien la acompaña, la quiere, respeta su silencio y reza a Dios para que entre en ese espacio hecho de pura soledad».

Mientras tanto, en el corazón de Bergoglio, la vocación madura. Así, por fin, el futuro Papa decide entrar en el seminario y escoge a los jesuitas. «Me decidí por la Compañía de Jesús porque me sentí atraído por su forma de ser una fuerza avanzada de la Iglesia, en la que se utilizaba un lenguaje militar, y determinada por la obediencia y la disciplina. También la elegí porque la Compañía estaba orientada al servicio misionero en Japón, donde los jesuitas realizan una obra muy importante desde siempre. Pero por causa del grave problema de salud que arrastraba desde mi juventud no fui autorizado: ¿cuántos habrían sido "salvados" por un servidor si me hubiesen enviado allí?», recuerda con una pizca de ironía el futuro Papa.

La reacción de los padres de Jorge es distinta. «Hablé con mi papá y reaccionó muy bien. Más aún: se sintió feliz. Solo me preguntó si estaba realmente seguro de mi decisión. Hay quien ha dicho después que mi mamá, como buena madre, había empezado a presentir que me convertiría en sacerdote. Pero su reacción, en realidad, fue diferente: "No lo sé, no te veo... Deberías esperar un poco, continúa trabajando... acaba la universidad...". La verdad es que mi vieja mamá se lo tomó mal. Mi padre me comprendió más. Él había heredado una referencia religiosa muy fuerte de su madre.»

La hermana del Papa, María Elena, entrevistada por el diario italiano *La Repubblica*, confirma: «Cuando terminó el bachillerato técnico y se convirtió en perito químico, Jorge le dijo a mi madre que quería estudiar medicina. Entonces mamá decidió acondicionar el desván que había sobre la terraza de nuestra casa para que pudiera estudiar tranquilo. Sin embargo, un día subió a limpiarlo y solo encontró libros de teología. Cuando mi hermano volvió a casa se enfrentó con él, preguntándole por qué le había mentido. No puedo olvidar sus palabras: "No te mentí, mamá", le contestó Jorge con tranquilidad, "voy a estudiar medicina, pero del alma". Ella se quedó muy mal porque comprendió que pronto lo perdería. Papá, en cambio, estaba contento: de haber sido por él, todos sus hijos se habrían convertido en sacerdotes y monjas».

La actitud de la madre no cambiaría enseguida. «Cuando entré al seminario, mamá no me acompañó, no quiso ir —cuenta Bergoglio—. Durante años no aceptó mi decisión. No estábamos peleados. Solamente que yo iba a casa a verla, pero ella no iba al seminario. E incluso cuando por fin aceptó mi decisión lo hizo poniendo cierta distancia. Venía a verme al noviciado de Córdoba, me decía que era una decisión que requería mucho tiempo para madurar.»

Sin embargo, Jorge recuerda que la madre, una auténtica creyente, se arrodilló ante él al término de la ceremonia de ordenación sacerdotal para pedir la primera bendición.

«La vocación religiosa —cuenta Bergoglio en el libro-entrevista de Rubin y Ambrogetti— es una llamada de Dios a un corazón que la está esperando de forma consciente o inconsciente. A mí me ha impresionado siempre el pasaje evangélico en el que se lee que Jesús miró a Mateo con una actitud que podría traducirse como "dando misericordia y eligiendo". Esta es exactamente la forma en que yo me sentí mirado por Dios durante aquella confesión», la confesión que originó su decisión de hacerse sacerdote. «Misericordiándolo y eligiéndolo» es el lema que Bergoglio escogerá para su consagración episcopal. También constituye el núcleo de su mensaje: el servicio a través de la misericordia y la elección de las personas en función de una propuesta: «Mira, hay quien te quiere, quien te llama por tu nombre, quien te ha elegido. Lo único que se te pide es que te dejes amar».

Don Lorenzo Vecchiarelli, párroco de la iglesia romana de San Timoteo, conoce al nuevo papa desde que era joven: vivían juntos en Buenos Aires y frecuentaban el mismo grupo de amigos. Ha recordado ante los micrófonos de Radio Vaticano la fiesta en la que vio al joven Bergoglio apartado y pensativo. Le preguntó el motivo. Y él respondió: «¡Mañana entro en el seminario!».

«Lo que recuerdo de él, cuando éramos jóvenes —ha contado— era su sencillez y una profunda seriedad. Cuando en un momento determinado nos encontramos, yo sentí el impulso de su espíritu que quería entrar al seminario. Eso me empujó también a mí a entrar al seminario. Solamente que él entró en los jesuitas y yo en los salesianos.»

Tras entrar en el seminario de Villa Devoto, Bergoglio pasa el 11 de marzo de 1958 al noviciado de la Compañía de Jesús. Cursa estudios humanísticos en Chile y, en 1963, después de volver a Buenos Aires, se licencia en la facultad de filosofía del colegio de San José, en San Miguel. En 1964 y 1965 enseña literatura y psicología en el colegio de la Inmaculada Concepción de Santa Fe, y en el año 1966 imparte esas mismas asignaturas en el colegio del Salvador de Buenos Aires. El 13 de diciembre de 1969 es ordenado sacerdote mientras estudia teología en la facultad del colegio San José, donde se licencia al año siguiente. Después de realizar el tercer «probandato» en Alcalá de Henares, en España, el 22 de abril de 1973 hace su profesión perpetua. Ahora es un padre jesuita a todos los efectos.

6

Un cura bajo la dictadura

El de Jorge Mario Bergoglio es un currículum un tanto atípico. En los años setenta y ochenta el futuro Papa combina actividades académicas y de enseñanza con la actividad pastoral en la parroquia y la dirección espiritual. Después de ser durante tres años maestro de novicios en la residencia Villa Barilari, de San Miguel, profesor en la facultad de teología y rector del colegio máximo —donde recordemos que los domingos cocinaba para sus alumnos—, Bergoglio es elegido provincial de los jesuitas de Argentina, un cargo que ejerce durante seis años.

Es el período crucial de la dictadura de Jorge Rafael Videla Redondo, que ocupó el poder en Argentina de 1976 a 1981, después de un golpe de Estado contra Isabelita Perón. Su régimen se caracterizará por la violación sistemática de los derechos humanos al torturar y asesinar a miles de personas. Son los desaparecidos, individuos —hombres y mujeres— considerados opositores del régimen con sus parientes, que eran secuestrados y luego asesinados. La actitud mostrada por el provincial Bergoglio con respecto a dos hermanos en aquellos años es el origen de las falsas acusaciones que se lanzaron contra él. El dossier amañado había aparecido ya en vísperas del cónclave de 2005, y fue desenterrado rápidamente en cuanto Francisco se asomó desde la galería central de la basílica de San Pedro.

Las acusaciones provienen del periodista argentino Horacio Verbitsky, que, en sus libros, le imputa al futuro Papa sustancialmente dos graves culpas: la de buscar el alejamiento de los jesuitas Orlando Yorio y Francisco Jalics, porque estaban mal vistos por el régimen debido a su obra en las favelas; y la otra, mucho más grave, de colaborar con el régimen dictatorial de Videla. En la época de los hechos, recordémoslo, Bergoglio era el provincial de los jesuitas, pero no tenía cargos eclesiásticos de responsabilidad en la Iglesia argentina. Y no es en absoluto cierto que, como se ha escrito, «como jesuita tenía un poder enorme sobre las comunidades eclesiásticas de base, que trabajaban mucho en los barrios de chabolas de Buenos Aires».

El asunto fue abordado incluso por la magistratura argentina, por otra parte muy poco complaciente con la Iglesia católica. Nada se demostró en contra de Bergoglio durante una investigación sobre los casos de apropiación de niños, hijos de los desaparecidos, por parte de los militares, ni tampoco sobre los terribles hechos ocurridos en la Escuela de Mecánica de la Armada (ESMA), el tristemente célebre campo de exterminio de los opositores y centro de varias «maternidades clandestinas», en que hallaron la muerte al menos seis mil personas. Las acusaciones de Verbitsky fueron lanzadas de nuevo por *Página/12*, diario considerado de forma generalizada el órgano oficial de la presidencia de la República argentina. Según afirma Verbitsky, los sacerdotes Orlando Yorio y Francisco Jalics habrían acusado a Bergoglio de haberlos entregado a la dictadura. Capturados en mayo de 1976, permanecieron secuestrados durante cinco meses. En el transcurso de la misma operación el ejército detuvo también a cuatro catequistas y a los maridos de dos de ellas. Nunca se les volvió a ver.

Verbitsky ha vuelto a la carga después de la elección del papa Francisco, afirmando haber encontrado un documento en el que el provincial Bergoglio habría definido como «subversivos» a los dos hermanos jesuitas. El documento no se ha mostrado, es más, se vuelve contra la campaña montada por el periodista: ante todo porque ese texto es posterior a la liberación de los dos jesuitas, y en segundo lugar porque no se halla en él nada que confirme que Bergoglio considerase «subversivos» a los dos sacerdotes. Por último, queda desmentida la tesis de Verbitsky que afirmaba que los dos jesuitas habrían sido expulsados de su congregación por decisión del provincial. En efecto, el documento publicado por Verbitsky demuestra que los dos jesuitas no fueron en absoluto expulsados de la Compañía de Jesús, sino que ellos mismos habían pedido abandonarla. Y que solo al padre Jalics se le negó la salida, porque ya había hecho profesión solemne. En efecto, siguió siendo jesuita.

Hay más. Resulta del todo evidente que lo que pretende ser el documento perjudicial definitivo contra Bergoglio no es sino un panfleto confeccionado en tercera persona, basándose en rumores, por un hombre del régimen, que trabaja en la dirección de asuntos religiosos del Ministerio del Interior. Maniobras de diversión y falsificación de la realidad eran el pan de cada día para la junta militar argentina. Una prueba adicional de que se trata de una fuente espuria viene dada por la aparición de imprecisiones significativas con respecto a los procedimientos internos de la Compañía de Jesús.

«En síntesis —comenta Matteo Luigi Napolitano, un historiador que ha estudiado los papeles del caso—, el documento publicado por *Página/12* no es obra de Bergoglio, no representa su pensamiento, y es legítimo considerarlo un documento "de régimen" hecho para uso y consumo del poder dictatorial para el control de la oposición y para dar la idea de que de alguna manera existía apoyo de la Iglesia argentina.»

Que la interpretación de Verbitsky contra Bergoglio sea tendenciosa lo sostuvo ya Jorge Ithurburu, presidente de la Asociación 24 de Marzo, una organización que se constituyó como parte civil en los procesos en contra de los militares argentinos. En una entrevista concedida al periódico italiano *Il Sole 24Ore*, Ithurburu rechazó las acusaciones contra el nuevo papa acerca de las relaciones con la dictadura. «Una cosa es la responsabilidad de la Iglesia católica como organización, y otra la de los individuos. Bergoglio entonces no era ni obispo y no hay rastro de posibles responsabilidades.»

¿Por qué motivo, pues, el padre Jorge, en su calidad de provincial, les pidió a los dos jesuitas ocupados en las comunidades de base de las favelas que se retirasen de allí, una petición que se negaron a satisfacer los dos religiosos? Evidentemente, escribió el profesor Napolitano, «ya veía venir lo que sucedería, puesto que al advenimiento de la dictadura los dos jesuitas fueron secuestrados y encarcelados en la ESMA (la Escuela de Mecánica de la Armada, que se convirtió en un lugar de detención y tortura). Ambos jesuitas serían liberados del centro de reclusión al cabo de unos seis meses».

El propio Ithurburu declaró: «Resulta evidente que el episodio puede interpretarse de dos formas: o los jefes de los dos jesuitas los dejaron solos o se puede pensar que intervinieron para obtener la liberación. Me inclino por la segunda hipótesis: la ESMA no liberaba a nadie por casualidad, pero nadie dentro de la Iglesia admitirá nunca que se llevase a cabo una negociación secreta. La Iglesia no habla de estas cosas. Sin embargo, la liberación de los dos sacerdotes es un hecho».

El 15 de marzo de 2013, también el portavoz del Vaticano, el padre Federico Lombardi, tildó de «campañas calumniosas y difamatorias» de «matriz anticlerical» las que se han desatado contra el Papa. En efecto, añadió Lombardi, contra Bergoglio «no ha habido nunca una acusación concreta creíble… La justicia argentina lo interrogó una vez como persona informada sobre los hechos, pero nunca le ha imputado nada. Él se ha defendido de las acusaciones con documentos. En cambio, hay muchísimas declaraciones que demuestran cuánto hizo Bergoglio para proteger a muchas personas en tiempos de la dictadura militar». Y también es «muy conocido el papel de Bergoglio, cuando se convirtió en obispo, en la promoción de la petición de perdón de la Iglesia en Argentina por no haber hecho lo suficiente durante la dictadura».

Un documento secreto sobre los años de la tiranía argentina, conservado en Washington, avala de algún modo, aunque de forma indirecta, las palabras del portavoz del Vaticano. «Dicho documento —escribe Napolitano— reproduce textualmente (en el español original) las declaraciones del propio general Videla, autor del golpe militar. Al día siguiente de su toma de poder, Videla observaba que "la actual situación de Argentina se caracteriza por el despilfarro, el caos administrativo, la venalidad, pero también la existencia de corrientes de opinión pública y de convicciones políticas que están muy arraigadas, con una clase trabajadora fuera de la corriente dominante… con una Iglesia católica alarmada por el proceso, pero sin embargo aún decidida a denunciar cualquier exceso contra la dignidad humana" (Defense Intelligence Agency, *Forwarding of Spanish Documents*, March 25, 1976: Philosophy and Bio of LTGEN Jorge Rafael Videla, 24 de marzo de 1976, p. 1, 10 USC 424, National Security Archive).»

Una Iglesia argentina que, según Videla, estaba «aún decidida a denunciar cualquier exceso contra la dignidad humana» no corresponde exactamente al retrato esbozado por Horacio Verbitsky. Por supuesto, con ello no se pretende afirmar que no existiesen connivencias e infravaloraciones, pero la realidad es más compleja de lo que se describía en los dossieres contra Bergoglio que se pusieron a disposición de la prensa internacional pocos minutos después de la elección. No es imposible que este material, como sucede a menudo con ocasión de las elecciones pontificias, pueda haber sido enviado por algunas personas interesadas también a cardenales, por otra parte sin ningún resultado.

La tesis acusatoria es desmentida de nuevo por el testimonio directo del padre Jalics, uno de los dos jesuitas implicados, los que Bergoglio habría querido «expulsar» de la Compañía de Jesús. En un artículo publicado en la página web de la provincia alemana de los jesuitas, el padre Jalics sintió la necesidad de hacer algunas precisiones. Vale la pena leerlas.

«Yo vivía en Buenos Aires desde 1957. En 1974, movido por el deseo interior de vivir el Evangelio y de atraer la atención sobre la terrible pobreza, y con el permiso del arzobispo Aramburu y del entonces provincial padre Jorge Mario Bergoglio, me fui con un hermano a vivir en una favela, uno de los barrios más pobres de la ciudad. A pesar de vivir allí, continuamos desarrollando nuestra actividad docente en la universidad. Corrían entonces en Argentina años en que la situación era similar a una guerra civil. En aquel período, para ser más exactos en el plazo de dos años, unas treinta mil personas (tanto guerrilleros de izquierdas como civiles inocentes) fueron asesinadas por la junta militar.

»Nosotros dos, mi hermano y yo —continúa el jesuita—, mientras vivíamos en aquel barrio paupérrimo, no tuvimos contactos nunca ni con la junta ni con la guerrilla. No obstante, en aquella situación de entonces, marcada por la falta de información, y también a causa de información falsa difundida a propósito, nuestra situación fue mal entendida, incluso dentro de la propia Iglesia. Fue en ese período cuando perdimos el contacto con uno de nuestros colaboradores laicos, un hombre que se había unido a la guerrilla. Después, nueve meses más tarde, fue capturado por los soldados de la junta y sometido a interrogatorios. Fue entonces cuando los militares supieron que en el pasado aquella persona había estado en contacto con nosotros.

»Así, supusieron que también nosotros teníamos que ver con la guerrilla —explica el padre Jalics— y ambos fuimos detenidos. Nos interrogaron durante cinco días. Después de aquellos cinco días, el oficial que había guiado nuestros interrogatorios vino a decirnos que quería despedirse de nosotros. Nos lo dijo con estas palabras: "Padres, ustedes no tienen ninguna culpa. Yo me haré cargo de la situación, haré que puedan volver a vivir en el barrio pobre donde han elegido vivir". Y sin embargo, a pesar de esa promesa, no nos liberaron. Por razones que nos resultaron inexplicables, nos retuvieron en situación de detención durante cinco meses. Cinco meses que pasamos esposados y con los ojos vendados. Yo no estoy en condiciones de adoptar ninguna posición sobre el papel del padre Bergoglio en esa situación que vivimos. Después de que nos pu sieran en libertad, al término de aquellos cinco meses, yo abandoné Argentina.»

¿Cómo respondió el futuro Papa ante las treinta y tres preguntas de los magistrados argentinos en abril de 2011? El documento fue publicado por el diario italiano *Avvenire*: «Hice lo que pude, lo que entraba en mis posibilidades por la edad que tenía [menos de cuarenta años] y las pocas relaciones que mantenía, a fin de interceder por la liberación de personas secuestradas», había contado Bergoglio. Una reconstrucción confirmada por los resultados de las investigaciones, que nunca lo imputaron, a diferencia de otros sacerdotes acusados y luego condenados.

Las acusaciones contra el actual papa Francisco «fueron examinadas atentamente por nosotros —explicó al diario *La Nación* Germán Castelli, uno de los tres jueces autores de la sentencia en el proceso contra los militares de la ESMA—. Verificamos todos los datos y llegamos a la conclusión de que el comportamiento de Bergoglio no tenía ningún relieve judicial».

En efecto, tal como había declarado hace dos años el entonces cardenal de Buenos Aires, «vi dos veces al general Jorge Videla y al almirante Emilio Massera». A los detractores aquellos encuentros les parecieron la prueba del colaboracionismo de Bergoglio. En realidad, el futuro Papa quería «descubrir qué capellán militar celebraba la misa» en los centros de tortura. Una vez averiguado el nombre directamente de labios de Videla, Bergoglio convenció con una estratagema al sacerdote-soldado «de que se fingiese enfermo y me mandase a mí en su lugar». Esta es la prueba de que el jesuita no se fiaba de algunos hombres de Iglesia y de que había decidido arriesgarse solo. Una elección coherente para un religioso que hizo que se expatriase «un joven que se me parecía mucho, dándole mi carnet de identidad y vistiéndolo de sacerdote: solo así podía salvarle la vida».

Bergoglio se interesó personalmente ante Videla por la suerte de los sacerdotes detenidos. «Decir que Jorge Bergoglio entregó a aquellos sacerdotes es del todo falso», repitió el juez Castelli. A un amigo, el futuro Papa le había confiado «que había hecho cosas de locos» en los cinco meses en que sus hermanos jesuitas estaban prisioneros. «Nunca estuve en los lugares de detención, salvo una vez —les contó Bergoglio a los jueces—, cuando acudí junto a otros a una base aeronáutica cercana a San Miguel, en la localidad de José C. Paz, para averiguar cuál era el destino de un muchacho.»

Las acusaciones resucitadas con fines políticos en los días de la elección del papa Francisco, así como el dossier contra él que contenía esas mismas acusaciones, que habría sido puesto en circulación entre algunos cardenales, «son una canallada», en palabras de Julio Strassera, histórico fiscal en el proceso contra la junta militar responsable de los años oscuros de los desaparecidos. «Todo eso es absolutamente falso», dice Strassera. La magistratura argentina, tal como confirman incluso organizaciones como Amnistía Internacional, está considerada la más avanzada de América Latina.

A la Iglesia nunca se le ha dado un trato de favor, tal como demuestra el caso del padre Christian von Wernich, capellán de policía condenado hace seis años por su participación en siete homicidios, cuarenta y dos secuestros y treinta y un episodios de tortura.

Entre los principales «acusadores» de Bergoglio hay algunos ex guerrilleros montoneros. «A pesar de saber que la vía violenta causaría el golpe, la siguieron con encarnizamiento —afirma Loris Zanatta, profesor de historia de América Latina en la Universidad de Bolonia, en un reciente libro suyo publicado por Laterza—. Creían que, cuando los militares hubiesen tomado el poder —escribe el estudioso—, se levantaría el pueblo, un pueblo en realidad harto tras años de violencia e ideología, que al llegar Videla ni se inmutó.»

Uno de los jefes de los guerrilleros montoneros es el periodista Horacio Verbitsky. Curiosamente, después de que en 2005 el cardenal Bergoglio alzase la voz contra Néstor Kirchner, Verbitsky, muy próximo al presidente, publica el libro con un capítulo contra el arzobispo de Buenos Aires. El cardenal al que Kirchner había definido como «verdadero jefe de la oposición».

Por último, vale la pena recordar que enseguida tomó la defensa de Bergoglio el premio Nobel de la Paz Adolfo Pérez Esquivel, feroz opositor de los militares, quien declaró en una entrevista a la BBC que Bergoglio «no tenía vínculos con la dictadura argentina. Sí hubo algunos obispos cómplices con la dictadura, pero no Bergoglio. Se discute su figura porque se dice que no hizo lo necesario para sacar de prisión a dos sacerdotes mientras era superior de los jesuitas. Yo sé con certeza que muchos obispos le pedían a la junta la liberación de sacerdotes, y nunca se les concedía».

Una confirmación adicional es la carta que en 1976 el entonces provincial de los jesuitas le había enviado al hermano de uno de los dos sacerdotes secuestrados, Franz Jalics. La carta ha sido citada en marzo de 2013 por el *Frankfurter Allgemeine Zeitung*: «He realizado muchas acciones ante el gobierno para que su hermano sea liberado. Hasta ahora no hemos tenido éxito. Sin embargo, no he perdido la esperanza de que pronto será hallado. Lo aprecio y haré todo lo que pueda para conseguir liberarlo… He tomado este tema como propio. Las dificultades que su hermano y yo hemos tenido a lo largo de la vida religiosa no tienen nada que ver».

A propósito de estas acusaciones la hermana del Papa, María Elena, entrevistada por el diario italiano *La Stampa*, dijo: «¿Le parece posible? Significaba traicionar la lección que nuestro padre nos había enseñado con la difícil vida que eligió. Mi hermano protegió y ayudó a muchos perseguidos por la dictadura. Eran tiempos oscuros y se requería prudencia, pero su compromiso con las víctimas está demostrado».

Como arzobispo de Buenos Aires, el futuro Papa, junto a los demás obispos argentinos, formulará el 10 de septiembre de 2000 una petición de perdón por la actitud adoptada por los eclesiásticos durante la dictadura. «Dado que en varios momentos de nuestra historia hemos sido indulgentes con posturas totalitarias que violaban las libertades democráticas que emanan de la dignidad humana; dado que mediante acciones u omisiones hemos discriminado a muchos de nuestros hermanos, sin comprometernos lo suficiente con la defensa de sus derechos, rogamos a Dios, Señor de la historia, que acepte nuestro arrepentimiento y cure las heridas de nuestro pueblo.

»Oh, Padre, tenemos el deber de recordar ante ti aquellas acciones dramáticas y crueles. Te pedimos perdón por el silencio de los responsables y por la participación efectiva de muchos de tus hijos en ese enfrentamiento político, en la violencia contra las libertades, en la tortura y en la delación, en la persecución y la intransigencia ideológica, en los enfrentamientos y las guerras, así como en la muerte absurda que ha ensangrentado nuestro país. Perdónanos, padre bondadoso y amoroso, y concédenos la gracia de fundar de nuevo los vínculos sociales y de sanar las heridas aún abiertas en tu comunidad.»

7

Un cardenal en el metro

¿Cómo vive la oración quien de joven, aquel lejano 21 de septiembre, se había sentido envuelto por un abrazo de misericordia y elegido para la vida sacerdotal durante una confesión en la parroquia?

«Para mí, rezar constituye en cierto modo una experiencia de entrega —cuenta Bergoglio en el libro-entrevista *El jesuita*—, donde todo nuestro ser está en presencia de Dios. Es aquí donde se produce el diálogo, la escucha, la transformación. Mirar a Dios, pero sobre todo sentirse mirado por Él. Esto ocurre, en mi caso, cuando recito el Rosario o los salmos, o cuando celebro la Eucaristía. No obstante, quiero decir que vivo más mi experiencia religiosa en el momento en que me sitúo durante un buen rato delante del tabernáculo. A veces me adormezco mientras estoy sentado, dejándome mirar. Tengo la sensación de estar en manos de otro, como si Dios me estuviese cogiendo de la mano. Creo que es importante llegar a la alteridad trascendente del Señor, que es el Señor de todo, pero que aun así respeta siempre nuestra libertad.»

Jorge Mario Bergoglio continúa considerándose el primer necesitado de esa misericordia que predica y de la que da testimonio. «La verdad es que soy un pecador al que la misericordia de Dios ha llamado de una forma privilegiada. De joven, la vida me confió cargos de gobierno (recién ordenado sacerdote me designaron maestro de novicios, y dos años y medio después provincial) y hube de aprender sobre la marcha, a partir de mis errores, porque los he cometido. Errores y pecados. Sería hipócrita si dijese que hoy pido perdón por los pecados y las ofensas que haya podido cometer. Hoy pido perdón por los pecados y las ofensas que efectivamente he cometido.

»Lo que más me duele es no haber sido muchas veces comprensivo y ecuánime —sigue contándoles Bergoglio a los periodistas Rubin y Ambrogetti, autores del libro-entrevista—. En mi oración de la mañana, en el momento de las peticiones, pido ser comprensivo y ecuánime, y después continúo pidiendo un montón de cosas más que tienen que ver con los abandonos en mi camino.»

El nuevo papa ha enseñado durante mucho tiempo. En su estilo de educación el encuentro con la persona es un dato esencial. En el libro *El jesuita*, Bergoglio ofrece un ejemplo de este enfoque. «Recuerdo que a principios de los años noventa, siendo yo vicario de Flores, una chica de un colegio de Villa Soldati, que cursaba el cuarto o quinto año, quedó embarazada. Fue uno de los primeros casos que se plantearon en la escuela. Había varias posturas acerca de cómo afrontar la situación, que contemplaban hasta la expulsión, pero nadie se hacía cargo de lo que sentía ella. Tenía miedo de las reacciones y no dejaba que nadie se le acercase. Un profesor joven, casado y con hijos, un hombre al que yo respeto mucho, se ofreció a hablarle y a buscar con ella una solución. Se le acercó cuando la vio en un recreo, le dio un beso, le tomó la mano y le preguntó con cariño: "¿Así que vas a ser mamá?", y la chica empezó a llorar sin parar. Esa actitud de proximidad la ayudó a abrirse, a elaborar lo que le había pasado. Y le permitió llegar a una respuesta madura y responsable, que evitó que perdiera la escolaridad y quedara sola con un hijo frente a la vida, pero también (porque era otro riesgo) que las compañeras la consideraran una heroína por haberse quedado embarazada.

»Lo que hizo el profesor fue darle testimonio, yendo a su encuentro. Corrió el riesgo de que la chica le contestara "¿A ti qué te importa?", pero tenía a su favor su gran humanidad y que buscó acercarse desde el amor. Cuando se quiere educar solamente con principios teóricos, sin pensar en que lo importante es quién tenemos enfrente, se cae en un fundamentalismo que a los jóvenes no les sirve de nada ya que ellos no asimilan las enseñanzas que no se acompañan de un testimonio de vida y una proximidad.»

De esto Bergoglio deduce también un consejo para los confesores. «Suelo decirles a los que entran en el confesonario que no sean rigoristas ni "manga ancha". El rigorista es el que aplica la norma, sin más: "La ley es esta y punto". El "manga ancha" la deja de lado: "No importa, no pasa nada… sigue adelante".» El problema, explica el futuro Papa, «es que ninguno de los dos se hace cargo de quien tenía delante». Así pues, ¿qué deben hacer los confesores? «Ser misericordiosos.»

Quien conoce al padre Bergoglio sabe lo importante que es para él la relación y el encuentro personal, la atención a la persona. Un episodio contado por él ayuda a comprenderlo mejor. Siendo obispo auxiliar en Buenos Aires, debía acudir un día a un convento situado fuera de la ciudad para impartir unos ejercicios espirituales y tenía que tomar el tren. Cuando se acercaba la hora, bajó de su despacho en el arzobispado para entrar a rezar unos minutos en la catedral. Mientras se marchaba, un joven, que parecía psíquicamente frágil, se le acercó para preguntarle si lo podía confesar. El joven hablaba como si estuviese borracho; debía de estar bajo los efectos de algún psicofármaco. «Yo, el testigo del Evangelio, que estaba haciendo apostolado, le dije: "Ahora viene un sacerdote y te confiesas con él, porque yo tengo otras cosas que hacer".» Bergoglio sabía que aquel cura llegaría bastante rato después. «Me fui, pero a los pocos pasos sentí una vergüenza tremenda. Volví sobre mis pasos y le dije al joven: "El sacerdote se retrasa, ya te confieso yo". Después de confesarlo, lo llevé ante la Virgen para pedirle que lo protegiese. Por fin me fui a la estación, creyendo que habría perdido el tren. Al llegar, me di cuenta de que había habido un retraso y por lo tanto conseguí tomar el tren previsto. A mi regreso no me fui a casa, sino a ver a mi confesor, porque lo que había hecho me pesaba: "Si no me confieso, mañana no puedo celebrar la misa…".»

Para Bergoglio el tren con retraso había sido una «señal del Señor, que me decía: "Mira que la historia la dirijo yo". ¡Cuántas veces en la vida conviene frenarse, no querer arreglarlo todo de golpe!» Hay que tener paciencia, no pretender encontrarle solución a todo, y «relativizar un poco la mística de la eficiencia».

En marzo de 1986 el padre Bergoglio viaja a Alemania, a Munich, para acabar su tesis de doctorado. A su regreso sus superiores lo destinan al colegio del Salvador y a continuación a la iglesia de la Compañía de Jesús en Córdoba, como director espiritual y confesor. Confiesa mucho y continuará haciéndolo también como obispo. El nombramiento de auxiliar de Buenos Aires llega por sorpresa pocos años después.

Es el 13 de mayo de 1992. El padre Bergoglio tiene una buena relación con el nuncio apostólico en Argentina, monseñor Ubaldo Calabresi. Permanecerá vinculado a la familia del prelado, incluso después de su desaparición, y durante cada viaje a Roma siempre dedicará una cena o un almuerzo a la hermana del nuncio. Calabresi consulta a Bergoglio con frecuencia, para pedir información sobre los sacerdotes candidatos al episcopado. Sin embargo, ese día lo llama, diciéndole que esta vez la consulta debe tener lugar en persona. Como la compañía aérea efectuaba el vuelo Buenos Aires-Córdoba-Mendoza y viceversa, Calabresi «me pidió que nos reuniéramos en el aeropuerto mientras el avión iba y volvía de Mendoza. Fue así que conversamos allí, me hizo una serie de consultas de temas serios y, cuando el avión, ya vuelto de Mendoza, estaba próximo a despegar de regreso a Buenos Aires y habían avisado que los pasajeros debían presentarse, me informó: "Ah… una última cosa… fue nombrado obispo auxiliar de Buenos Aires y la designación se hace pública el 20…". Así me lo dijo».

Bergoglio se bloquea, como siempre le ocurre a consecuencia de un golpe, bueno o malo. Comienza así su actividad de obispo auxiliar del cardenal Antonio Quarracino. No cambia su estilo, el acercamiento a las personas, la sencillez de su conducta, el rehuir las ocasiones mundanas.

En el libro-entrevista *El jesuita*, cuenta también cómo se produjo cinco años después el nombramiento de obispo coadjutor de Buenos Aires, pasando de auxiliar a designado para la sucesión del cardenal, gravemente enfermo. «Era vicario general del cardenal Quarracino y cuando pidió a Roma un coadjutor, yo a su vez le solicité que no me enviara a ninguna diócesis, sino volver a ser un auxiliar a cargo de una vicaría zonal de Buenos Aires… Pero el 27 de mayo de 1997 a media mañana me llama el nuncio Calabresi y me invita a almorzar. Cuando estábamos por el café, y yo me aprestaba a agradecerle el convite y despedirme, veo que traen una torta y una botella de champán. Pensé que era su cumpleaños y casi lo felicito… "No, no es mi cumpleaños —me respondió con una amplia sonrisa—, lo que pasa es que usted es el nuevo obispo coadjutor de Buenos Aires".»

Cuando al suceder a Quarracino, que muere el 28 de febrero de 1998, pasa de obispo coadjutor a arzobispo, Bergoglio ya puede contar con un ascendiente personal respecto al clero de la ciudad, sobre todo el más joven. Todos los curas de Buenos Aires aprecian su humanidad, sencillez y sabio consejo. Nada de eso cambia cuando pasa a ser pastor de la archidiócesis. Habilita un teléfono directo para que sus sacerdotes puedan llamarlo a cualquier hora del día si tienen un problema. No debe haber barreras, secretarios, filtros. El obispo está disponible para su clero en todo momento.

Bergoglio sigue pernoctando en la parroquia, asiste personalmente a los sacerdotes enfermos, pasa las horas en el hospital a su cabecera. Al principio rehúsa irse a vivir a la elegante residencia arzobispal de Olivos, quedándose en un piso más pequeño. Luego se reserva en el palacio solo un dormitorio modesto. Sigue gustándole cocinar para sus invitados. No tiene problemas para fregar los platos. Acoge en casa y atiende a un anciano obispo auxiliar que necesita asistencia.

Sigue respondiendo él mismo las llamadas telefónicas, llevando personalmente la agenda de audiencias. No tiene secretario particular, pero se sirve de varios colaboradores y de algunas monjas. Continúa viajando en autobús —que prefiere porque desde el autobús se puede ver a la gente por la calle— o en metro. Los habitantes de la capital argentina aprenden a conocerlo y reconocerlo. Viste con sencillez. Cuando viaja, Jorge Mario —a quien le encanta ser definido como «un cura al que le gusta ser cura»— no se separa nunca de su agenda, donde están escritos a mano los números de teléfono de sus amigos y conocidos. Y lleva siempre consigo el breviario, dentro del cual conserva una carta y el testamento de su abuela, escritos antes de su ordenación sacerdotal por si moría antes de la ceremonia. «Estoy muy apegado al breviario —contó en el libro-entrevista *El jesuita*—; es lo primero que abro por la mañana y lo último que cierro antes de acostarme.» Entre esas páginas se encuentra también el texto del poema en piamontés *Rassa nostrana* de Nino Costa.

A petición de los periodistas Rubin y Ambrogetti, que lo estaban entrevistando, Bergoglio abrió el breviario, sacó la carta de su abuela por su ordenación y leyó el texto de la misma: «En este hermoso día en que puedes tener en tus manos consagradas el Cristo Salvador y en que se te abre un amplio camino para el apostolado más profundo, te dejo este modesto presente de muy poco valor material, pero de muy alto valor espiritual». Junto a esta carta, su abuela, que logró estar presente en la ordenación del padre Jorge, escribió también un pequeño testamento, en el que se lee: «Que estos, mis nietos, a los cuales entregué lo mejor de mi corazón, disfruten de una vida larga y feliz, pero si algún día el dolor, la enfermedad o la pérdida de un ser querido los llenan de desconsuelo, recuerden que un suspiro al tabernáculo, donde está el mártir más grande y augusto, y una mirada a María al pie de la cruz, pueden hacer caer una gota de bálsamo sobre las heridas más profundas y dolorosas».

En 2001 Juan Pablo II lo nombra cardenal. Es el consistorio para la creación de nuevos cardenales más numeroso de la historia de la Iglesia. A propósito de su carácter ahorrador, se cuenta que, tras el anuncio del nombramiento cardenalicio, no quiso comprar los hábitos rojos y prefirió mandar arreglar los que había dejado su predecesor. En esa ocasión el arzobispo Bergoglio invita a los compatriotas que quieren acompañarlo a Roma a no hacerlo y ofrecer la suma de dinero necesaria para el viaje para las necesidades de los pobres. Hará lo mismo después de la elección papal.

El cardenalato es para él una ocasión de volver a sus orígenes piamonteses. «Sí, cuando lo nombraron cardenal —cuenta su hermana, María Elena—, fuimos a Turín y luego a Portacomaro, el pueblo del que había salido mi padre. Confieso que fue conmovedor. El lugar es magnífico, recorrimos juntos las colinas cercanas. Pero ver la casa donde había nacido mi padre, el jardín en el que jugaba de pequeño, la bodega donde nuestro tío hacía el vino... Eso fue indescriptible, una emoción que no se puede expresar con palabras.»

La Iglesia de Bergoglio es una Iglesia abierta y misionera. En una entrevista llevada a cabo en 2007 por Stefania Falasca para la publicación mensual *30Giorni*, el futuro Papa explica: «No he dicho que los sistemas pastorales son inútiles. Al contrario. De por sí todo lo que puede llevar por los caminos de Dios es bueno. Les he dicho a mis sacerdotes: "Hagan lo que deben hacer, sus deberes ministeriales los conocen, asuman sus responsabilidades y luego dejen abierta la puerta". Nuestros sociólogos religiosos nos dicen que la influencia de una parroquia es de seiscientos metros a su alrededor. En Buenos Aires hay casi dos mil metros entre una parroquia y otra. Les he dicho entonces a los sacerdotes: "Si pueden, alquilen un garaje y, si encuentran a algún laico disponible, que vaya. Que esté un poco con esa gente, haga un poco de catequesis y que dé incluso la comunión si se lo piden". Un párroco me replicó: "Pero, padre, si hacemos esto la gente dejará de venir a la iglesia". Le contesté: "Pero ¿por qué? ¿Vienen a misa ahora?". "No", me dijo. ¡Entonces! Salir de uno mismo es salir también del recinto de las propias convicciones consideradas inalienables si estas se pueden convertir en un obstáculo, si cierran el horizonte que es de Dios. Y eso también resulta válido para los laicos...».

El nuevo papa considera un error la clericalización de los laicos: «Los curas clericalizan a los laicos y los laicos nos piden que les clericalicemos… Es una complicidad pecadora. Y pensar que podría bastar el bautismo. Pienso en aquellas comunidades cristianas de Japón que se quedaron sin sacerdotes durante más de doscientos años. Cuando volvieron los misioneros vieron que todos estaban bautizados, todos casados de forma válida por la Iglesia, y todos sus difuntos habían tenido un funeral católico. La fe había permanecido intacta debido a los dones de gracia que alegraban la vida de esos laicos que habían recibido solamente el bautismo y habían vivido también su misión apostólica en virtud del bautismo. No hay que tener miedo de depender solo de Su ternura».

A este respecto, en esa entrevista en *30Giorni*, Bergoglio invitaba a recordar el episodio bíblico del profeta Jonás: «Jonás lo tenía todo claro. Tenía ideas claras sobre Dios, ideas muy claras sobre el bien y el mal. Sobre cómo actúa Dios y qué es lo que quiere en cada momento; sobre quiénes son fieles a la alianza y quiénes no. Tenía la receta para ser un buen profeta. Dios irrumpe en su vida como un torrente y lo envía a Nínive. Nínive es el símbolo de todos los separados, alejados y perdidos, de todas las periferias de la humanidad. Jonás vio que se le confiaba la misión de recordar a toda aquella gente que los brazos de Dios estaban abiertos y esperando que volvieran para curarlos con su perdón y alimentarlos con su ternura. Solo para esto lo había enviado. Dios lo mandaba a Nínive, y él se marchó en dirección contraria, a Tarsis».

«¿Huye ante una misión difícil?», pregunta la entrevistadora, Stefania Falasca. «No —dice Bergoglio—. No huía tanto de Nínive como del amor desmesurado de Dios por esos hombres. Esto era lo que no cuadraba con sus planes. Dios había venido una vez… "de lo demás me ocupo yo", se dijo Jonás. Quería hacer las cosas a su manera, quería dirigirlo todo él. Su pertinacia lo hacía prisionero de sí mismo, de sus valoraciones estructuradas, sus métodos preestablecidos y sus opiniones correctas. Había cercado su alma con el alambre de espino de esas certezas que, en vez de dar libertad con Dios y abrir horizontes de mayor servicio a los demás, terminan por ensordecer el corazón. ¡Cómo endurece el corazón la conciencia aislada! Jonás no sabía de la capacidad de Dios de conducir a su pueblo con su corazón de Padre.

»Nuestras certezas pueden convertirse en un muro —continúa el futuro Papa—, en una cárcel que aprisiona el Espíritu Santo. Todos aquellos que aíslan su conciencia del camino del pueblo de Dios no conocen la alegría del Espíritu Santo que sostiene la esperanza. Es el riesgo que corre la conciencia aislada de aquellos que desde el mundo cerrado de sus Tarsis se quejan de todo o, sintiendo su propia identidad amenazada, emprenden batallas para sentirse más ocupados y autorreferenciales.»

En Buenos Aires Bergoglio ha sido un arzobispo popular, en el sentido de auténticamente cercano al pueblo, como demuestran sus misas celebradas en los barrios populares de la capital de Argentina. En agosto de 2008, durante la festividad de San Cayetano, el futuro Papa dialogó en la homilía con la gente: «"Os haré una pregunta: ¿la Iglesia es un lugar abierto solo para los buenos?". "¡Nooo!" "¿Hay sitio también para los malos?" "¡¡¡Síiii!!!" "¿Aquí se echa a alguien porque es malo? No, al contrario, se le acoge con más afecto. ¿Y quién nos lo enseñó? Nos lo enseñó Jesús. Imaginaos, pues, lo paciente que es el corazón de Dios con cada uno de nosotros"».

Ejemplos de qué es la «Iglesia del pueblo» que quiere Bergoglio, la Iglesia que «facilita» la fe de las personas en lugar de «regularla» aparecen en otra entrevista que el cardenal concedió en 2009 a su amigo y periodista Gianni Valente, publicada en *30Giorni*.

«Precisamente hace unos días bauticé a siete hijos de una mujer sola, una viuda pobre, que trabaja como mujer de la limpieza y los había tenido de dos hombres diferentes. A ella la conocí el año pasado, en la festividad de San Cayetano. Me dijo: "Padre, estoy en pecado mortal, tengo siete hijos y nunca los he bautizado". Había ocurrido porque no tenía dinero para traer a los padrinos de lejos, o para pagar la fiesta, porque siempre tenía que trabajar… Le propuse que nos viésemos para hablar del asunto. Hablamos por teléfono, vino a verme, me decía que nunca conseguía encontrar a todos los padrinos y reunirlos al mismo tiempo… Al final le dije: hagámoslo todo con solo dos padrinos, en representación de los demás. Así que vinieron todos y tras una pequeña catequesis los bauticé en la capilla del arzobispado. Después de la ceremonia hicimos un pequeño refrigerio. Una Coca-Cola y bocadillos. Ella me dijo: "Padre, no me lo puedo creer, usted hace que me sienta importante…". Yo le respondí: "Señora, yo no tengo nada que ver en esto, es Jesús quien hace que sea usted importante".»

Para Bergoglio hay que recordar el criterio básico expresado en el último canon del Código de Derecho Canónico: la ley suprema es la salvación de las almas. Siendo obispo, dijo que lo que le había causado más dolor fue saber que algunos sacerdotes negaban el bautismo a los hijos de parejas irregulares, nacidos fuera de la «santidad del matrimonio».

«El niño no tiene ninguna responsabilidad de la situación matrimonial de sus padres. Y además, a menudo, el bautizo de los niños se convierte también para los padres en un nuevo comienzo. Suele hacerse una pequeña cate-quesis antes del bautizo, de una hora más o menos, y luego una catequesis mistagógica durante la liturgia. A continua-ción, los sacerdotes y los laicos van a visitar a esas familias para continuar con ellas la pastoral que sucede al bautismo. Y sucede con frecuencia que los padres, que no estaban casados por la Iglesia, piden acudir ante el altar para cele-brar el sacramento del matrimonio. A veces, los ministros y los agentes pastorales adoptan una actitud casi de "dueños", como si estuviera en sus manos el poder conceder o no los sacramentos.»

Bergoglio no quiere que se extinga una tradición pre-sente en las zonas más remotas de Argentina, en aquellos pueblos a los cuales el sacerdote solo llega unas pocas veces al año.

«Allí la piedad popular siente que a los niños se les debe bautizar lo antes posible —explica el futuro Papa—, y por eso hay un hombre o una mujer, a quien todos llaman "bautizador", que bautiza a los niños cuando nacen, en es-pera de que llegue el sacerdote. Y cuando este llega, le lle-van a los niños para que él los bendiga con los santos óleos, terminando el rito.»

Citando el documento final de la conferencia de Apa-recida, el gran encuentro del episcopado latinoamericano celebrado en mayo de 2007 en Brasil, en cuya redacción Bergoglio tuvo un gran papel, el futuro Papa invita a ser misioneros.

«La conferencia de Aparecida nos incitó a anunciar el Evangelio yendo al encuentro de la gente, no quedándonos a esperar que la gente venga a nosotros. El fervor misionero no necesita eventos extraordinarios. Donde se hace misión es en la vida ordinaria. Y el bautismo, en esto, es paradigmático. Los sacramentos son para la vida de los hombres y de las mujeres tal como son. Ellos no hablan mucho, y sin embargo su *sensus fidei* capta la realidad de los sacramentos con más claridad que muchos especialistas.»

Para Bergoglio la Iglesia no puede ser elitista. No puede existir una Iglesia pura, de minorías, contrapuesta a la de masas, poblada por ese gran número de personas para las cuales el cristianismo está hecho de pocas cosas elementales, de pocas prácticas esenciales. El nuevo papa no está de acuerdo con los rigoristas, que niegan el bautismo y los demás sacramentos a quienes los solicitan pero son considerados poco idóneos por no ser practicantes.

Por eso dice que es necesario «mirar a nuestra gente no como debería ser sino como es y ver qué es más necesario. Sin previsiones ni recetas; con una apertura generosa. Dios habló para las heridas y las fragilidades. Permitirle al Señor hablar… En un mundo al que no conseguimos interesar con las palabras que nosotros decimos, solo Su presencia que nos ama y que nos salva puede interesar. El fervor apostólico se renueva porque da testimonio de Aquel que nos amó el primero».

8

Las villas miseria y el «imperialismo del dinero»

La austeridad del nuevo papa en Buenos Aires llegó a ser proverbial. Alberto Barlocci recuerda en la revista *Popoli* que con motivo de un encuentro interreligioso, cuando los participantes llegaron al arzobispado, encontraron a Bergoglio en persona, sin ningún colaborador, esperándoles en la puerta. Y él, con un sentido del humor no exento de verdad, les dijo: «¿Qué otra cosa iba a hacer un cardenal, sino abrir puertas?».

La cercanía del obispo Bergoglio a su gente, sobre todo a los más necesitados, los más débiles, los pobres, los enfermos, fue un rasgo distintivo de su episcopado. «Ha celebrado para nosotros muchas misas, entre los cartoneros, en las villas miseria, entre los desempleados —comenta Emilio Pérsico, parlamentario muy comprometido con lo social—. Siempre tuvo una palabra para nosotros.»

Bergoglio siempre se mantuvo cercano a la Iglesia que está «en la frontera» y mandó sacerdotes a las villas miseria, cuidando su formación, apoyándoles, defendiéndoles. Y sobre todo visitándoles. El gobierno de Néstor Kirchner y luego el de su mujer, la actual presidenta Cristina, interpretaron a menudo esta cercanía y sus palabras sobre la pobreza y la justicia social como un reproche al mundo político.

Los Kirchner, molestos por sus homilías y por el tedeum de mayo en la catedral de Buenos Aires en conmemoración del inicio de la revolución por la independencia, prefirieron acudir a otras diócesis en aquella ocasión, para no coincidir con Bergoglio.

El futuro Papa usó palabras fuertes para referirse a la situación en la capital argentina: «En Buenos Aires no se ha abolido la esclavitud. Aquí hay quien trabaja como lo hacían los esclavos», dijo ante los miembros de la ONG La Alameda, un grupo de activistas contra la trata de mujeres con fines sexuales y el trabajo, en condiciones de esclavitud, en muchos talleres textiles clandestinos y entre los temporeros que llegan de países vecinos para la vendimia o la recolección de fruta.

El 30 de diciembre de 2004, una tórrida Nochevieja bonaerense acabó trágicamente con un incendio en la discoteca Cromañón, donde se celebraba un concierto de rock. El fuego, provocado por el lanzamiento de una bengala, se propagó con gran rapidez. Al final se contaron casi cien muertos y cientos de intoxicados. La ciudad, una vez más, acusaba el duro golpe de la falta de controles, la corrupción y la irresponsabilidad: los gestores de la sala habían cerrado con cadenas las salidas de emergencia. Alberto Barlocci escribe en *Popolo*: «Bergoglio quiso que la Iglesia acompañase ese momento de dolor. Para muchas personas golpeadas por la tragedia esa cercanía fue un consuelo, y algunas incluso recuperaron una fe que daban por perdida. Para muchos fue el encuentro con una Iglesia cercana, amiga, hermana y madre.

»Sucedió lo mismo en febrero del año pasado, cuando la negligencia, la irresponsabilidad y la corrupción causaron la tragedia ferroviaria de la estación Once, en pleno centro de la ciudad: 51 muertos y cientos de heridos. También entonces el arzobispo de Buenos Aires supo poner a la Iglesia al servicio de la pobre gente, obligada a viajar en servicios públicos en condiciones pésimas».

Al comienzo del nuevo milenio se produjo una quiebra financiera y económica en Argentina. En diciembre de 2001 estallaron graves desórdenes sociales en el país y muchas familias quedaron en la ruina. Un día Bergoglio, recién nombrado cardenal, al ver desde su ventana en la sede del arzobispado cómo la policía cargaba sobre una mujer en la plaza de Mayo, tomó el teléfono, llamó al ministro del Interior, pero fue atendido por el secretario de Seguridad, a quien le pidió que se diferenciara entre los activistas que producían desmanes y los simples ahorradores que reclamaban por su dinero retenido en los bancos.

El futuro Papa habló de ese período en enero de 2002, en una larga entrevista con Gianni Valente publicada en *30Giorni*. Al describir la situación, Bergoglio recordó que los obispos argentinos le habían hablado al pueblo de esa «crisis inédita: el concepto mágico del Estado, el derroche del dinero del pueblo, el liberalismo extremo mediante la tiranía del mercado, la evasión fiscal, la falta de respeto a la ley tanto en su cumplimiento como en el modo de dictarla y aplicarla, y la pérdida del sentido del trabajo. En una palabra, una corrupción generalizada que mina la cohesión nacional y nos desprestigia ante el mundo. Este es el diagnóstico. Si vamos a la raíz, en el fondo la crisis argentina es de orden moral».

Según contaba el cardenal, «hubo un verdadero terrorismo económico-financiero que tuvo efectos fáciles de observar, como el aumento de los ricos, el aumento de los pobres y la fuerte reducción de la clase media. Y otros menos coyunturales, como el desastre en el ámbito de la educación. En este momento, en las ciudades y los alrededores de Buenos Aires hay dos millones de jóvenes que ni estudian ni trabajan. Ante la manera salvaje en que se ha llevado a cabo la globalización economicista en Argentina, la Iglesia de este país siempre se ha remitido a las recomendaciones del magisterio. Nuestros puntos de referencia, por ejemplo, son los criterios expuestos con claridad en la alocución de Juan Pablo II *Ecclesia in America*».

Hace más de ochenta años, en la encíclica *Quadragesimo anno*, escrita poco después de la crisis bursátil del año 29, el papa Pío XI definió como «imperialismo internacional del dinero» el modelo de economía especulativa capaz de empobrecer en un instante a millones de familias. Para Bergoglio era «una fórmula que nunca pierde actualidad, porque contiene una raíz bíblica. Cuando Moisés sube al monte para recibir la ley de Dios, el pueblo comete pecado de idolatría fabricando el becerro de oro. El actual imperialismo del dinero también muestra un inequívoco rostro idólatra. Es curioso que la idolatría y el oro siempre vayan juntos. Y donde hay idolatría se suprime a Dios y la dignidad del hombre, hecho a imagen de Dios».

«El nuevo imperialismo del dinero —continuaba el arzobispo de Buenos Aires— suprime incluso el trabajo, que es el modo en que se expresa la dignidad del hombre, su creatividad, que es la imagen de la creatividad de Dios. La economía especulativa ya ni siquiera necesita el trabajo, no sabe qué hacer con el trabajo. Va detrás del ídolo del dinero que se crea a sí mismo. Por eso no tiene escrúpulos en convertir a millones de trabajadores en desempleados.»

Para describir esta realidad los obispos se han basado en la doctrina social de la Iglesia y los grandes documentos del episcopado latinoamericano.

«En este sentido es muy importante el documento de Puebla. La Conferencia de los Obispos Latinoamericanos, celebrada en Puebla, marcó un hito. Se logró mirar a América Latina a través del diálogo con su propia tradición cultural. Y también, con respecto a los sistemas políticos y económicos, los bienes que se quisieron salvaguardar fueron las reservas religiosas y espirituales de nuestros pueblos, que se expresan, por ejemplo, en la religiosidad popular que ya Pablo VI había exaltado en la carta apostólica *Evangelii nuntiandi*, apartado 48.»

«La experiencia cristiana no es ideológica —subrayaba

Bergoglio—, está marcada por una originalidad innegociable. Que nace del estupor del encuentro con Jesucristo, del maravillarse ante la persona de Jesucristo, y esto nuestro pueblo lo tiene y lo pone de manifiesto en la piedad popular. Tanto las ideologías de izquierda como este imperialismo económico del dinero ahora triunfante lo que quieren es quitar la originalidad cristiana del encuentro que nuestros pueblos, en la simplicidad de su fe, tienen con Jesucristo.»

También tuvo palabras duras para el papel desempeñado por la comunidad internacional y los organismos financieros centrales: «No tienen en el centro de su reflexión al hombre, a pesar de lo que dicen. Señalan siempre a los gobiernos sus rígidas directrices, hablan siempre de ética, de transparencia, pero son fríos, son eticistas sin bondad».

Como criterio para enfrentar la crisis, el futuro Papa afirmaba: «Al comprometerse en este intento común para salir de la crisis en la Argentina se tiene siempre presente lo que enseña la tradición de la Iglesia, que reconoce la opresión del pobre y el fraude en el salario de los obreros como dos pecados que claman venganza ante Dios. Estas dos fórmulas tradicionales son de total actualidad en el magisterio del episcopado argentino. Estamos cansados de sistemas que producen pobres para que luego la Iglesia los mantenga. La actitud de los obispos al respecto ha consistido en abrir en las parroquias una red de comedores infantiles y un sistema organizado para darle de comer a la gente de la calle, cada vez más numerosa. La jerarquía católica también ha aceptado la invitación a estar presente en la mesa de la reconciliación, pero guardándose mucho de aparecer como la entidad moral».

«Hemos pecado todos», había dicho el presidente de la Conferencia Episcopal, Estanislao Esteban Karlic.

«Somos parte de nuestro pueblo —observaba Bergoglio—, y todos participamos de alguna manera del pecado y de la gracia. Podemos anunciar la gratuidad del don de Dios solo si hemos experimentado esta gratuidad en el perdón de nuestros pecados. El año 2000 la Iglesia argentina hizo públicamente un período de penitencia y pidió perdón a la sociedad, también en referencia a los años de la dictadura. Ningún otro sector de la sociedad argentina pidió perdón.»

La Iglesia, terminaba el cardenal, siempre pedía «que se dialogara entre las partes de la sociedad», participó en el diálogo nacional, aunque no lo convocó ni lo condujo: «La Iglesia ofrece el ámbito para el diálogo, como quien ofrece la casa para que los hermanos se encuentren y se reconcilien. Pero no es un sector, un *lobby*, una parte que interviene en el diálogo al lado de otros grupos de interés y de presión».

Y en un momento en que la clase política estaba completamente desacreditada, el futuro Papa señalaba: «Hay que reivindicar la importancia de la política, aunque los políticos la hayan desprestigiado, porque, como decía Pablo VI, la política puede ser una de las formas más altas de la caridad. En nuestro país, por ejemplo, la mentalidad funcionalista unida al modelo económico imperante ha experimentado con los dos extremos de la vida, con los niños y con los ancianos, los más afectados por la crisis, provocando efectos devastadores en el campo de la educación, la sanidad y la asistencia social. Un pueblo que no cuida a sus chicos y a sus ancianos no tiene esperanza».

Sobre el modo en que saldría Argentina de la crisis, parece que Bergoglio tenía ideas claras: «Yo creo en los milagros. Y la Argentina tiene un pueblo muy grande, un pueblo muy hermoso. Esas reservas morales que tiene nuestro pueblo ya son un principio de milagro. Me acuerdo de Manzoni, que dice aquella frase tan linda: "Nunca he visto que el Señor empiece un milagro sin acabarlo bien". Yo espero que termine bien».

En el libro *El jesuita* se lee: «Dicen también que en una de sus frecuentes visitas a las villas de emergencia de Buenos Aires, durante una charla con cientos de hombres de la parroquia (...) un albañil se levantó y le dijo conmovido: "Estoy orgulloso de usted, porque cuando venía para acá con mis compañeros en colectivo lo vi sentado en uno de los últimos asientos, como uno más"».

En las villas miseria la explosión de alegría por la elección del padre Bergoglio ha sido grande: «Ahora los humildes tienen un amigo en Roma».

Para comprender al padre Francisco hay que partir de ahí, del garaje cubierto de murales donde se encuentra la parroquia de Nuestra Señora de Caacupé. La iglesia dedicada a la Virgen de los inmigrantes paraguayos, lo mismo que en Charrúa está la de Copacabana venerada por los bolivianos, o la argentina de Luján. «La última vez que Ber-

goglio estuvo aquí —cuenta el padre Toto a *La Stampa*—
fue el pasado 8 de diciembre. Nunca faltaba a la fiesta de la
Virgen. Era de la casa: decía misa, daba los sacramentos,
también bendecía las fotos y luego comía con nosotros el
locro», el guiso de carne y maíz que se prepara al aire libre
en estas ocasiones.

A Jéssica Araújo se le humedecen los ojos cuando recuerda el pasado 10 de noviembre: «La primera comunión
de mi hijo Maxi. Las cosas que pasan... quedé embarazada
a los quince años y me cambió la vida; tuve que dejar los
estudios. Llegó este señor vestido normal, debió haber llegado en autobús, porque nunca vi coches lujosos afuera.
Y luego se vistió de sacerdote. Entonces lo reconocí: padre
Jorge, que había venido a darnos la primera comunión».

Como ella hay docenas de personas en la oficinita de la
parroquia con techo de lámina. Una de estas chicas muestra la foto del entonces cardenal con su marido en la escuela nocturna, otra la confirmación de una chica ciega.
«Es uno de nosotros —insiste el padre Toto, contando his-
torias del nuevo papa al enviado de *La Stampa* Paolo Mastrolilli—. Un religioso de corazón, sin oropeles. Imagínese,
ayer le habló al arzobispo para felicitarlo por el cumpleaños
de una empleada. La pobrecita se conmovió y se puso a
balbucir: "¡Ya no sé ni cómo llamarlo! ¿Es él, padre Jorge,
no?". Cuando ibas a su oficina veías algunos paquetes de
espaguetis cerca del escritorio, porque comía ahí y normal-
mente se cocinaba solo. La última vez que lo busqué, antes
del cónclave, necesitaba urgentemente que me firmara un

documento. "De acuerdo —me dijo—, pero tienes diez minutos de tiempo para explicármelo todo, porque estoy a punto de partir hacia Roma".»

El rostro de la Iglesia «de proximidad» que se acerca a los que sufren, el que deseaba tener Bergoglio, se formó en estas calles, donde ni siquiera la policía se atreve a pasar de noche. «Nació en el barrio popular de Flores —cuenta un fraile franciscano, Carlos Trovarelli—, y nunca ha dejado de ser un hombre del pueblo.» «Vi con mis ojos —dice el padre Facundo Beretta Lauria, orgullosamente calabrés— cómo reaccionó cuando los narcos amenazaron de muerte a mi colega el padre Pepe, porque quería alejar de nuestras calles el "paco", la droga que se hace con los residuos de la cocaína y que se la dan a los muchachos. Alzó la voz y después dijo "llámenme en cualquier momento, para lo que sirva, porque de esta historia me ocupo yo personalmente".»

«Hace tiempo —prosigue el padre Facundo, que lleva sandalias, pantalones de mezclilla y una camisa de sacerdote desabotonada hasta el cuello— había malos entendidos: la política se mezclaba un poco por todas partes. Ahora, cuando viene a vernos, Bergoglio insiste siempre en la misma cosa: "No se cansen nunca de ser misericordiosos". Y tiene razón, porque cuando unes la fe a la solidaridad, incluso en las villas miseria, comienza la fiesta.»

Por lo demás, cuando Jorge Mario Bergoglio se convirtió en arzobispo, en Buenos Aires solo había seis «curas villeros», es decir, sacerdotes que se van a vivir a los barrios de mala fama y se ocupan de los chabolistas. «Ahora somos veinticuatro —dice el padre Facundo—, porque él nos apoya con hechos y viene a trabajar en medio de la calle con nosotros. Celebra misas para prostitutas en la plaza Constitución, visita a los enfermos de sida y también se relaciona con las familias de los desaparecidos, esperando que la verdad nos haga libres. Pero, como dijo el papa Francisco, no somos una ONG y todo esto hay que hacerlo en nombre de los principios de la fe.»

En 2009, cuando uno de estos curas, el padre Pepe, fue amenazado por los narcos, Bergoglio le defendió. En una entrevista publicada por *30Giorni* dijo a propósito de los curas villeros: «Ellos trabajan y rezan. Son sacerdotes que rezan. Y trabajan en la catequesis, en las obras sociales... Esto es lo que a mí me gusta. Y este párroco que ha sido amenazado, se dice, y es verdad, que tiene una devoción especial por don Bosco. Es precisamente el estilo de don Bosco lo que le mueve».

El bien que hacen estos sacerdotes de frontera, que tenían el respaldo y el amor de su obispo, hoy papa, se puede leer en los ojos de Miriam, una muchacha muy guapa que hace dos años dormía entre los contenedores de basura. Le habían quitado a sus dos hijas y pasaba el día y la noche buscando dinero para el paco, la droga. Lo buscaba de cualquier manera. «Pero siempre me encontraba en la calle con el cura, que me decía:"Dios te ama".» Ahora es maestra de catecismo, quiere ser colaboradora terapéutica para los drogadictos que quieren curarse.

En la Semana Santa de 2008 el cardenal Bergoglio quiso celebrar la misa *in Coena Domini* en las villas miseria y lavó los pies a doce chicos del Hogar de Cristo, el centro de rehabilitación para drogadictos donde los curas de las villas, testimoniando el Evangelio de la misericordia, devuelven la esperanza a los desesperados.

9

Francisco, las razones de un nombre

El jueves 14 de marzo, la tarde de su primer día de obispo de Roma, Francisco concelebró la misa en la capilla Sixtina con los cardenales que le habían elegido. No quiso pronunciar el discurso programático que la Secretaría de Estado, como es tradición, había preparado para el nuevo papa. Lo dejó a un lado. Ya habría tiempo para los programas. El 266.º obispo de Roma, elegido tras un cónclave relámpago, improvisó su discurso comentando las Escrituras. Quiso predicar de pie, en el púlpito, sin ponerse la mitra, como hacen los párrocos, en vez de leer una homilía sentado en la cátedra. Pasó las páginas del Evangelio y pronunció palabras sencillas, profundas y radicales, previniendo a la Iglesia contra el peligro de la mundanidad espiritual, que el nuevo pontífice siempre ha considerado «el peor pecado de la Iglesia».

La primera misa papal de Francisco ya indicaba que se está produciendo un cambio. El nuevo papa no usaba mitras lujosas recamadas en oro y cada vez más altas, que en los últimos años habían reaparecido entre los paramentos papales. Usó una sencilla, de tela. La misma que aparece en

muchas fotos de sus misas con el pueblo de los desampara-
dos en las villas miseria de Buenos Aires. Ese pueblo que
siempre vio en él el rostro de una Iglesia «de proximidad»,
capaz de «transmitir y facilitar la fe», de dar esperanza. Los
ceremonieros pontificios, en nombre de la nueva sobriedad
franciscana que ya había dado una señal la tarde anterior
con la decisión de no ponerse la muceta roja ribeteada de
armiño, a partir del 14 de marzo metieron en el cajón los
paramentos adornados con encajes y puntillas.

Fue, por lo tanto, una misa sencilla. Celebrada *pro Ecclesia*, para la Iglesia. Bajo el espectáculo dramático del *Juicio
final* de Miguel Ángel, el fresco que en las horas anteriores
habían tenido ante sí los cardenales electores mientras se
dirigían lentamente a votar para elegir al sucesor de Pedro,
en fila, llevando la papeleta bien visible en la mano.

Había expectación por saber qué diría el nuevo papa.
Es tradición que la Secretaría de Estado prepare un borra-
dor de discurso para esta primera homilía papal, en la que
se presentan varios puntos programáticos referidos generalmente a los grandes temas de la vida de la Iglesia. El elegido, después de revisar y completar el texto, lo lee en la
Sixtina varias horas después. Así lo había hecho en 2005
Benedicto XVI, lo mismo que en 1978 Juan Pablo I y Juan
Pablo II. El papa Bergoglio optó por algo distinto. Ni siquiera tuvo en cuenta el discurso preparado en latín, según
la tradición, e improvisó su prédica. Fue otra señal. Francisco reflexionó sobre tres palabras, caminar, edificar y confesar, tomándolas de las lecturas de la misa. Recordó lo pri-

mero que Dios le dijo a Abraham: «Camina en mi presencia y sé intachable». Invitó a caminar «en presencia del Señor, a la luz del Señor, intentando vivir con aquella honradez que Dios pedía a Abraham, en su promesa». Palabras dirigidas ante todo a los cardenales, a la curia romana, a todos los fieles.

Luego habló de la edificación de la Iglesia, de las «piedras consistentes, piedras vivas, piedras ungidas por el Espíritu Santo». Recordó que es preciso «edificar la Iglesia, la Esposa de Cristo, sobre la piedra angular que es el mismo Señor». Por último, la confesión de la fe. «Podemos caminar cuanto queramos, podemos edificar muchas cosas, pero si no confesamos a Jesucristo, algo no funciona —dijo el papa Bergoglio—. Acabaremos siendo una ONG asistencial, pero no la Iglesia, Esposa del Señor.»

En la misa *pro eligendo Pontifice*, presidida por el cardenal decano Angelo Sodano en San Pedro dos días antes, ya se había mencionado el riesgo de que la Iglesia se convirtiera en una organización asistencial. La comparación era ante todo una referencia al magisterio de Benedicto XVI, el «obispo emérito» de Roma (como le llamó el nuevo papa la noche de su elección), quien en varias ocasiones había puesto en guardia contra la limitación de la caridad «a la solidaridad o a la simple ayuda humanitaria», siendo como es la evangelización la obra de caridad más importante.

Si no se edifica «sobre las piedras», prosiguió el nuevo papa, sucede «lo que les sucede a los niños en la playa cuando hacen castillos de arena, todo se viene abajo, no es consistente». Francisco citó las palabras de Léon Bloy: «Quien no reza al Señor, reza al diablo». «Cuando no se confiesa a Jesucristo, se confiesa la mundanidad del diablo, la mundanidad del demonio.»

Caminar, construir, confesar. No siempre es fácil, reconoció el Papa, «porque en el caminar, en el construir, en el confesar, a veces hay temblores, existen movimientos que no son precisamente movimientos del camino: son movimientos que nos hacen retroceder». El mismo Pedro, «que ha confesado a Jesucristo», le dice: «Te sigo, pero no hablemos de cruz». Y entonces el papa Francisco pronunció las palabras más dramáticas y radicales: «Cuando caminamos sin la cruz, cuando edificamos sin la cruz y cuando confesamos un Cristo sin cruz, no somos discípulos del Señor: somos mundanos, somos obispos, sacerdotes, cardenales, papas, pero no discípulos del Señor». Habló entonces del peligro de una mundanidad espiritual, del peligro de una Iglesia que si no confiesa a Cristo y su cruz puede ser un obstáculo para la evangelización.

«Quisiera que todos, después de estos días de gracia —prosiguió con sencillez el nuevo papa—, tengamos el valor, precisamente el valor, de caminar en presencia del Señor, con la cruz del Señor; de edificar la Iglesia sobre la sangre del Señor, derramada en la cruz; y de confesar la única gloria: Cristo crucificado. Y así la Iglesia avanzará.» Una Iglesia que para reanudar con fuerza su camino no puede olvidar la cruz y debe estar dispuesta a seguir a su Señor hasta el martirio.

El viernes 15 de marzo Francisco recibió a los cardenales en la sala Clementina. Y a través de ellos instó a la Iglesia a no dejarse llevar nunca «por el pesimismo, por esa amargura que el diablo nos ofrece cada día». Fue un encuentro cordial e informal en el que también estuvieron presentes los purpurados mayores de ochenta años, excluidos del cónclave. El Papa llegó y se sentó en el trono. De su vestimenta blanca asomaban sus zapatos negros de diario. Escuchó el saludo del decano Angelo Sodano y, cuando se levantó para saludarle efusivamente, no vio los escalones y estuvo a punto de tropezar. Luego tomó la palabra, leyendo un texto al que hizo varias acotaciones improvisadas, citando de memoria a un Padre de la Iglesia en latín y al poeta alemán Hölderlin en su lengua original. Dijo que durante el primer encuentro con la multitud después de la elección estaba «lleno de emoción». Dedicó palabras elogiosas a Benedicto XVI, destacando sobre todo «su humildad y su dulzura», dos características que a él parecen cuadrarle muy bien.

Se dirigió siempre a los purpurados llamándoles «hermanos cardenales» y destacando la belleza de la experiencia vivida durante los días del cónclave: «Esa comunidad, esa amistad y esa cercanía nos harán bien a todos. Y este conocimiento y esta apertura nos han facilitado la docilidad a la acción del Espíritu Santo». Francisco recordó que el propio Espíritu «crea todas las diferencias en la Iglesia, y parece que fuera un apóstol de Babel. Pero, por otro lado, es quien mantiene la unidad de estas diferencias, no en la "igualdad", sino en la armonía».

La visión del Papa era positiva: «Nunca nos dejemos vencer por el pesimismo, por esa amargura que el diablo nos ofrece cada día; no caigamos en el pesimismo y el desánimo: tengamos la firme convicción de que, con su aliento poderoso, el Espíritu Santo da a la Iglesia el valor de perseverar y también de buscar nuevos métodos de evangelización, para llevar el Evangelio hasta los extremos confines de la tierra». No faltaron palabras de aliento a «la mitad de nosotros» que «tenemos una edad avanzada»: «La vejez es la sede de la sabiduría de la vida (...). Ofrezcamos esta sabiduría a los jóvenes: como el vino bueno, que mejora con los años».

Cordial con todos, recibiendo uno a uno a los purpurados, el Papa reía, contestaba a sus preguntas y si alguien le besaba la mano, respondía haciendo lo mismo. Casi ninguno de los purpurados llevaba cruces pectorales de oro. Era evidente que el estilo franciscano se estaba contagiando. Se entretuvo hablando con el cardenal Marc Ouellet, pero también con el presidente de la Gobernación Giuseppe Bertello y con el hondureño Óscar Rodríguez Maradiaga. Varios purpurados africanos le pidieron que bendijera rosarios y objetos sagrados, y el cardenal Fox Napier le ofreció una pulsera de plástico amarillo para una obra benéfica que Francisco no dudó en ponerse.

Después de comer una vez más con los cardenales en la Casa Santa Marta, cambiando de mesa cada día, sin un lugar establecido para él, Francisco decidió salir del Vaticano para ver a su amigo el cardenal argentino Jorge Mejía, de noventa años, que había sufrido un infarto dos días antes. Pasó media hora con él en la clínica Pío XI de la via Aurelia; luego bendijo las manos del cardiólogo y saludó a los médicos y los pacientes.

Esta salida recuerda la que hizo Juan Pablo II un día después de su elección, el 17 de octubre de 1978, cuando se dirigió al Policlínico Gemelli para visitar a su amigo el obispo Andrzej Deskur.

La máquina vaticana, mientras esperaba la confirmación de los jefes de dicasterio y el cambio del equipo de colaboradores, vivía al día. El papa Francisco llamó al maltés Alfred Xuereb para que fuera su secretario particular en el primer período. Xuereb ya había sido segundo secretario de Benedicto XVI. En el Vaticano todos tendrán que acostumbrarse al nuevo estilo de un papa que prefiere viajar en el microbús con los purpurados en vez de usar el gran coche oficial. Un obispo de Roma que a pesar de haber subido al solio quiere cambiar lo menos posible su modo de vivir y testimoniar el Evangelio. De repente algunos fastos y ritos de la corte pontificia parecen cosa del pasado.

Una confirmación del nuevo estilo, acompañada de la explicación de los motivos de su nombre, la da Francisco el sábado 16 de marzo cuando recibe en el aula Pablo VI a más de seis mil periodistas y operadores acreditados para seguir el cónclave. El Papa, una vez más, deja a un lado el texto del discurso preparado y pronuncia unas palabras comprometedoras, que casi se podrían considerar el programa de su pontificado.

Para el nuevo papa la ocasión de expresar este deseo es la explicación del nombre que ha escogido. Es la primera vez en dos mil años de historia de la Iglesia que un sucesor de Pedro decide llamarse Francisco, y desde la noche de la elección algunos han sugerido que el *Poverello* de Asís no es el verdadero inspirador y han aventurado otros nombres.

«Algunos desconocían por qué el obispo de Roma ha querido llamarse Francisco —dice el papa Bergoglio—, de modo que pensaron en san Francisco Javier o en san Francisco de Sales...» Estas fueron, efectivamente, algunas interpretaciones de quienes consideraban demasiado raro que un papa jesuita tomara el nombre del santo de los franciscanos. Con pocas y sencillas palabras, cuenta el origen de esta decisión, que no fue meditada con antelación, sino tomada tras el abrazo cariñoso de un amigo.

«Durante la elección tenía a mi lado al arzobispo emérito de São Paulo, también prefecto emérito de la Congregación para el Clero, el cardenal Claudio Hummes, ¡un gran amigo, un gran amigo! —cuenta el Papa—. Cuando la cosa se iba poniendo peligrosa él me confortaba —añade, refiriéndose al aumento progresivo e imparable de apoyos que recibía—. Y cuando los votos llegaron a los dos tercios vino el aplauso de costumbre, porque había sido elegido papa. Y él me abrazó, me besó y me dijo: "¡No te olvides de los pobres!".»

«Esa palabra —prosiguió el Papa— entró aquí: los pobres, los pobres. Mientras continuaba el recuento pensé en san Francisco de Asís, en su relación con los pobres. Y después pensé en las guerras. Francisco, el hombre de la paz.

Así es como entró el nombre en mi corazón: Francisco de Asís. Para mí es el hombre de la pobreza, el hombre de la paz, el hombre que ama la creación y la cuida; en este momento nosotros tenemos una relación no demasiado buena con la creación, ¿no? Es el hombre que nos da este espíritu de paz, el hombre pobre... ¡Ah, cómo desearía una Iglesia pobre y para los pobres!»

El papa Francisco también les pidió a los periodistas que cuentan la vida de la Iglesia que no olvidaran nunca la dimensión de la fe. Les invitó a «conocer cada vez mejor la verdadera naturaleza de la Iglesia y también su camino en el mundo, con sus virtudes y sus pecados». Y les dijo que prestaran una atención especial a la verdad, la bondad y la belleza: «Eso nos mantiene unidos, porque la Iglesia existe para anunciar la verdad, la bondad y la belleza en persona, Jesucristo».

Entre las frases improvisadas hubo también una referencia que estaba en continuidad con el magisterio de Ratzinger. Francisco recordó que «Cristo es el centro, no el sucesor de Pedro... Cristo es el centro, sin él Pedro y la Iglesia no tendrían razón de existir». En una palabra, el protagonista no es el Papa. El encuentro con los periodistas terminó con un «Os quiero».

Otro soplo de aire fresco se respiró en las dos citas dominicales siguientes. Por la mañana, a las diez, Francisco quiso celebrar misa en la pequeña iglesia de Santa Ana, que está dentro del Vaticano pero es la parroquia de los romanos que viven en Borgo Pio. El Papa pronunció una homilía improvisada que se puede considerar su gran encíclica: «El mensaje de Jesús es la misericordia. Para mí, lo digo humildemente, es el mensaje más fuerte del Señor».

Vivimos en una sociedad que nos acostumbra a reconocer y asumir cada vez menos nuestras responsabilidades: los que se equivocan son siempre los demás. Los inmorales son siempre los demás, la culpa la tiene siempre otro, nosotros no. Pero a veces también tenemos la experiencia de cierto clericalismo convencional al que solo le interesa «regularizar» la vida de las personas con la imposición de requisitos y prohibiciones que ahogan la libertad y acrecientan las dificultades diarias. Siempre dispuesto a condenar, en vez de acoger. Capaz de juzgar, pero no de comprender las miserias de la humanidad. El mensaje de la misericordia, meollo de esta encíclica no escrita del nuevo papa, echa por tierra los dos estereotipos a la vez.

El papa Francisco comentó el pasaje evangélico de la adúltera, la mujer a quien los escribas y los fariseos querían lapidar tal como prescribía la ley mosaica. Jesús le salva la vida pidiendo que quien esté libre de pecado tire la primera piedra: se van todos. «Tampoco yo te condeno; vete, y en adelante no peques más.»

El pontífice, refiriéndose a los escribas y los fariseos que habían arrastrado a la mujer para lapidarla delante del Nazareno, dijo: «También a nosotros, a veces, nos gusta pegar a los demás, condenar a los demás».

El primer y único paso requerido para experimentar la misericordia, explicó Francisco, es reconocerse necesitados de misericordia. «Jesús ha venido por nosotros, cuando nosotros reconocemos que somos pecadores», dijo. Basta con no imitar a aquel fariseo que ante el altar daba gracias a Dios «por no ser como los otros hombres». Si somos como ese fariseo, si nos creemos justos, «¡no conocemos el corazón del Señor y nunca tendremos la alegría de sentir esa misericordia!». Quien está acostumbrado a juzgar a los demás, a sentirse como Dios manda, a considerarse justo y bueno, no siente la necesidad de ser abrazado y perdonado. Luego está quien la siente pero piensa que no tiene remedio, por haber cometido demasiadas maldades.

El Papa contó al respecto un diálogo en un confesonario, cuando un hombre, al oír estas palabras sobre la misericordia, le respondió a Bergoglio: «"¡Pero, padre, si usted conociera mi vida, no me hablaría así!" "¿Por qué?, ¿qué has hecho?" "¡Oh, hice cosas graves!" "¡Mejor! Ve con Jesús: a Él le gusta que le cuentes estas cosas! Él se olvida: Él tiene una capacidad especial para olvidarse. Se olvida, te besa, te abraza y te dice solamente: 'Tampoco yo te condeno. Ve y de ahora en adelante: ¡no peques más!'. Solo ese consejo te da." Después de un mes, estamos en las mismas condiciones… volvemos al Señor. El Señor jamás se cansa de perdonar: ¡jamás! Somos nosotros quienes nos cansamos de pedirle perdón. Pidamos la gracia de no cansarnos de pedir perdón, porque Él no se cansa jamás de perdonar».

Dios no se cansa nunca de acoger y perdonar, siempre que reconozcamos que necesitamos su perdón. Estas pala-

bras sencillas y profundas del papa Francisco son una boca-
nada de oxígeno. Para muchos. Justamente porque presentan el rostro de una Iglesia que no reprocha a los hombres
sus fragilidades y sus heridas, sino que las cura con la medicina de la misericordia.

Terminada la misa, el papa Francisco llamó al padre
Gonzalo, un joven sacerdote uruguayo que trabaja con los
drogadictos: «Rezad por él», dijo. Después, por sorpresa, el
papa Francisco salió de la iglesia, se quedó junto a la puerta
de entrada y, como un simple párroco, se despidió de cada
uno de los que habían participado en la celebración. Otro
gesto sencillo y directo. Por si fuera poco, en dos ocasiones el
Papa cruzó la puerta de Santa Ana, entrando así en territorio
italiano, para saludar a los fieles que se agolpaban detrás de la
valla. La seguridad vaticana estaba preocupada. Era evidente
que este pontífice tenía su propio estilo y sobre todo no estaba dispuesto a dejarse enjaular. Francisco se separó a rega-
ñadientes de la gente que seguía estrechándole las manos. El
ángelus, primer ángelus desde la ventana del estudio del
apartamento papal, todavía desocupado, le estaba esperando.

El Papa se asomó a la hora prevista. Lo primero que
dijo fue: «Hermanos y hermanas, buenos días». La plaza de
San Pedro estaba llena a reventar, lo mismo que la via della
Conciliazione y algunas calles laterales.

«Después del primer encuentro del miércoles pasado,
hoy puedo dirigiros nuevamente mi saludo a todos. Y me
alegra hacerlo en domingo, en el día del Señor. Para nosotros los cristianos, esto es hermoso e importante: reunirnos

en domingo, saludarnos, hablar unos con otros, como ahora aquí, en la plaza. Una plaza que, gracias a los medios de comunicación, tiene las dimensiones del mundo.»

El Papa comentó el Evangelio del domingo: el episodio de la mujer adúltera a quien Jesús salva de la condena a muerte. «Conmueve la actitud de Jesús: no oímos palabras de desprecio, no escuchamos palabras de condena, sino solamente palabras de amor.» Qué fácil nos resulta indignarnos por los pecados de los demás, pedir condenas sin hacer examen de conciencia. «El rostro de Dios es el de un padre misericordioso, que siempre tiene paciencia —dice Francisco—. No se cansa de perdonarnos si sabemos volver a él con el corazón contrito», añade. Se trata de reconocerse necesitados de perdón, a sabiendas de que no existe nadie libre de pecado.

Fue evidente, desde el primer momento, que el mensaje de la misericordia sería central en su pontificado.

El papa Bergoglio dijo que, sobre este tema, le había impresionado un libro del cardenal Kasper. También en este caso intercaló una broma en el discurso preparado: «Pero no creáis que hago publicidad a los libros de mis cardenales…».

«Pero ese libro —añadió— me ha hecho mucho bien. La misericordia cambia el mundo. Lo hace menos frío y más justo.» Citó al profeta Isaías: «Aunque nuestros pecados fueran rojo escarlata, el amor de Dios los volverá blancos como la nieve». A un mundo tan reacio a creer, el nuevo papa quiso gritarle el mismo anuncio de hace dos mil años, el de que esta misericordia no es un sentimiento sino una persona. Su modo singularísimo de recordar la encarnación —el ángelus es justamente el recuerdo de la encarnación— fue un gesto maternal: adelantó y movió los brazos como si acunara a un niño y dijo: «La Virgen tuvo en sus brazos la misericordia hecha hombre, Jesús».

El Papa contó que durante una misa celebrada por él en Buenos Aires, cuando era obispo de esa ciudad, en presencia de la imagen peregrina de la Virgen de Fátima, se le acercó a confesarse una mujer anciana. «Me dijo: "Todos hemos pecado, pero el Señor lo perdona todo". Y yo: "Abuela, ¿usted cómo lo sabe?". Me contestó así: "Si el Señor no lo perdonara todo, el mundo no existiría". Tuve ganas de preguntarle: "Dígame, abuela, ¿usted ha estudiado en la Gregoriana?".» Francisco recordó que «nosotros también debemos aprender a ser misericordiosos con todos» y dos veces, antes de despedirse, repitió: «Dios nunca se cansa de perdonar. El problema es que nosotros nos olvidamos de pedir perdón». Una súplica para no ceder a la desesperación.

El martes 19 de marzo, bajo el sol, el papa Francisco dio inicio solemne a su pontificado. La liturgia era sencilla, pero toda en latín. Por primera vez asistía el patriarca ecuménico de Constantinopla, Bartolomé I. En primera fila también se sentaba el rabino de Roma, Riccardo Di Segni. Tres cuartos de hora antes el Papa salió a la plaza para recorrerla de punta a punta en un jeep blanco y saludar a todos. Mandó parar cuando vio a una persona gravemente enferma. Se bajó para consolarla y la acarició con dulzura. Al principio de la ceremonia recibió el palio papal, la estola de lana de cordero que simboliza la oveja que cargó Jesús, y un nuevo anillo: era de plata dorada.

Los que esperaban para la misa inicial del pontificado una gran homilía programática quedaron sorprendidos. El papa Francisco habló de la fe, la fuerza y la ternura de un santo del que es muy devoto y que la Iglesia veneraba justamente ese día: san José. Es el modelo en el que quería inspirarse el nuevo obispo de Roma.

«Nunca olvidemos que el verdadero poder es el servicio, y que también el Papa, para ejercer el poder, debe entrar cada vez más en ese servicio que tiene su culmen luminoso en la cruz; debe poner sus ojos en el servicio humilde, concreto, rico de fe, de san José y, como él, abrir los brazos para custodiar a todo el Pueblo de Dios y acoger con afecto y ternura a toda la humanidad, especialmente a los más pobres, los más débiles, los más pequeños (…). ¡Solo el que sirve con amor sabe custodiar!»

Tal era el programa del pontificado: «servir» humildemente, volviendo a lo esencial, para comunicar el mensaje de la misericordia de un Dios que se sacrificó en la cruz. Servir concretamente. Y luego «custodiar» abriendo los brazos, acogiendo con ternura a toda la humanidad, especialmente a los pobres, a los pequeños, a los débiles.

Después de tener un recuerdo para su antecesor Joseph Ratzinger, que celebraba su santo, y saludar a las delegaciones presentes citando explícitamente a los representantes de la comunidad judía, el nuevo papa, en su homilía, hizo una semblanza de san José. Predicando de pie, sin cubrirse con la mitra, subrayó que la misión encomendada por Dios al carpintero de Nazaret fue la de ser «custodio».

José vivió su vocación de custodio «con la atención constante a Dios, abierto a sus signos, disponible a su proyecto, y no tanto al propio». Se dejó guiar «por la voluntad de Dios, y precisamente por eso es más sensible a las personas que se le han encomendado, sabe leer con realismo los acontecimientos, está atento a lo que le rodea, y sabe tomar las decisiones más sensatas».

Los cristianos, como José, custodian a Cristo en su vida «para custodiar a los demás, para custodiar la creación». Pero el papa Francisco recordó que la «vocación de custodiar» atañe a todos, no solo a los cristianos. «Es custodiar toda la creación, la belleza de la creación. (…) es tener respeto por todas las criaturas de Dios y por el entorno en que vivimos. Es custodiar a la gente, el preocuparse por todos, por cada uno, con amor, especialmente por los niños, los ancianos, quienes son más frágiles y que a menudo se quedan en la periferia de nuestro corazón.»

También es, prosiguió el Papa, «preocuparse uno del otro en la familia: los cónyuges se cuidan recíprocamente y luego, como padres, cuidan de los hijos, y con el tiempo, también los hijos se convertirán en cuidadores de sus padres. Es vivir con sinceridad las amistades, que son un recíproco protegerse en la confianza, en el respeto y en el bien. En el fondo, todo está confiado a la custodia del hombre, y es una responsabilidad que nos afecta a todos».

Cuando «el hombre falla en esta responsabilidad», entonces «gana terreno la destrucción y el corazón se endurece». En todas las épocas de la historia, dijo el Papa, «existen "Herodes" que traman planes de muerte, destruyen y desfiguran el rostro del hombre y de la mujer». Francisco pidió «a todos los que ocupan puestos de responsabilidad en el ámbito económico, político o social», a todos los hombres, que sean «"custodios" de la creación, del designio de Dios inscrito en la naturaleza, guardianes del otro, del medio ambiente; ¡no dejemos que los signos de destrucción y de muerte acompañen el camino de este mundo nuestro!».

Pero para ser capaces de custodiar, explicó Francisco, es preciso evitar «que el odio, la envidia, la soberbia» ensucien la vida. El Papa pronunció seis veces la palabra ternura. Custodiar y cuidar «requiere bondad, requiere vivir con ternura». Y la ternura, concluyó, «no es la virtud del débil, sino al contrario, denota fortaleza de ánimo y capacidad de atención, de compasión, de verdadera apertura al otro». Por eso «no debemos tener miedo» de la bondad, de la ternura.

«Custodiar la creación, a cada hombre y a cada mujer, con una mirada de ternura y amor, es abrir el horizonte de la esperanza, es abrir un resquicio de luz en medio de muchas nubes.»

Esta mirada de ternura y misericordia es la que muchas, muchísimas personas de todo el mundo han visto en el rostro del nuevo papa.

10

¿Qué papa será?

Con su sencillez y su sobriedad, que no son una actitud estudiada ni fruto de una estrategia mediática, el papa Francisco ha ofrecido ya en los primeros días de su pontificado una significativa señal de cambio. El rechazo del vehículo insignia del parque automovilístico del Vaticano, la reducción del dispositivo de protección que terminaba por enjaular al Papa, la decisión de no trasladarse a la suite «papal» de la Casa Santa Marta, permaneciendo en la habitación número 207 que le correspondió en el sorteo de los alojamientos para los cardenales antes del cónclave, la voluntad de estar cerca de los fieles, son ya todas ellas indicaciones precisas. Un ejemplo que podría provocar una especie de autorreforma. Cardenales y obispos podrían empezar a seguirlo. Resulta sorprendente el entusiasmo con el que la gente —incluso aquella que se había alejado de la fe o no había experimentado nunca la vida de la fe— ha acogido al nuevo papa y sus primeros mensajes. Hay quien ha advertido contra el efecto mediático, o contra el abrazo mortal de algunos comentaristas laicos.

Quien se preocupa por eso parece estar casi disgustado de que, por una vez, la Iglesia y su mensaje atraigan a tanta gente, suscitando interés, simpatía humana, admiración. Y también algo más. Muchas personas alejadas de la fe han vuelto a la Iglesia tras la elección de Bergoglio, conmovidas por sus palabras sobre la misericordia. El primer gran cambio, pues, no pasa por el nuevo «equipo» de gobierno de Francisco, ni por el cambio de las estructuras.

Eso no quita, obviamente, que no haya que hacer una reforma de la curia, que con toda probabilidad se hará. Dos son, en particular, los caracteres de la necesaria transformación curial. El primero es estructural, y prevé una reforma para adelgazar la propia curia, con unificaciones y simplificación de competencias. Diversos «consejos pontificios» pueden unificarse entre sí. Hace falta más coordinación entre los dicasterios. La curia, además, no tiene que gobernar la Iglesia, sino prestarle un servicio al Papa. También es importante la relación entre la propia curia y las conferencias episcopales, entre el centro y la periferia. El segundo carácter es el relativo a la moralidad de la propia curia, que en estos años quizá ha dado la impresión de desfallecer: basta ver los recientes escándalos, una determinada gestión de las cuestiones vinculadas a las finanzas, o la existencia de camarillas y de grupos. Tampoco hay que excluir, para evitar el afán de hacer carrera, que pueda eliminarse la inclusión automática de los jefes de los dicasterios curiales en el colegio cardenalicio. Los eclesiásticos tienen que entrar en la curia para trabajar y para servir al Papa, no para hacer carrera.

En ese sentido, se puede observar que se está perdiendo el estilo tradicional de la curia, que era el de unos funcionarios capaces y competentes, que permanecían siempre entre bastidores, sin protagonismos, pero que podían preparar un documento o una nota, o desentrañar un problema, con capacidades que ahora están desapareciendo.

Esta idea de reforma se subordina al perfil de Iglesia que se quiere dar: siguiendo la estela de la purificación iniciada por el papa Ratzinger, para evangelizar hay que ser creíbles.

La perspectiva evangélica, la sencillez evangélica, se convierte en fuente de un cambio real y empieza como liberación del lastre y de la carga de un determinado sesgo curial. No hay que excluir que puedan darse pasos con respecto a los divorciados que se han vuelto a casar: ante todo, para hacerles sentirse amados e hijos de la Iglesia, que, aun no pudiendo recibir la comunión sacramental, deben ser acogidos y sentirse parte de la comunidad.

Durante un consistorio celebrado en los últimos años, el cardenal Roger Etchegaray, hablando de este tema, hizo referencia a la llamada teología «de la economía y la filantropía» de los ortodoxos, que permiten las segundas nupcias. La ortodoxia no es en absoluto «divorcista»; simplemente hace suyas las palabras de Jesús sobre el repudio del matrimonio en cuanto acto unilateral y humano de disolución de un vínculo divino. Pero como medida de economía (dispensación) y filantropía (ternura), basándose en el hecho de que el propio Cristo permitió una excepción a su rechazo del repudio (Mateo, 19, 9: «Ahora bien, os digo que quien repudie a su mujer —no por fornicación— y se case con otra, comete adulterio»), la Iglesia ortodoxa está dispuesta a tolerar las segundas nupcias de personas cuyo vínculo matrimonial haya sido disuelto por la Iglesia (no por el Estado), en base al poder que se le ha otorgado de atar y desatar, y concediendo una segunda oportunidad en algunos casos concretos: por ejemplo, los de adulterio continuado; pero, por extensión, también ciertos casos en los que el vínculo matrimonial se haya convertido en una ficción. La posibilidad de acceder a las segundas nupcias en casos de disolución del matrimonio solo se le concede al cónyuge inocente. Las segundas nupcias, a diferencia del primer matrimonio, se celebran con un rito de carácter penitencial —cuyo principio es el reconocimiento de una situación de fracaso— que contiene una plegaria de absolución.

Dado que en el rito de las segundas nupcias faltaba en la antigua tradición el momento de la coronación de los esposos, que según la teología ortodoxa es el momento esencial del matrimonio, existe una justificación teológica al considerar que para los ortodoxos las segundas nupcias no son un verdadero sacramento, sino, a lo sumo, un «sacramental», que permite a los recién casados considerar su propia unión como plenamente aceptada por la comunidad eclesial. El rito de las segundas nupcias también se aplica al caso de los esposos que se hayan quedado viudos, y ello permite decir que la ortodoxia, en principio, consiente un solo matrimonio sacramental propiamente dicho en toda la vida, a diferencia de lo que acontece en el catolicismo.

Sobre este tema hay que seguir además la precisa indicación que dio Benedicto XVI en su último encuentro con los jueces de la Rota Romana, poco antes de su renuncia. El papa Ratzinger invitó a estudiar mejor determinadas causas matrimoniales para ver si la falta de fe puede considerarse un motivo de nulidad y, por ende, facilitar la disolución permitiendo las segundas nupcias.

Se ha hablado, tras la elección de Francisco, acerca de cuáles serán sus posturas con respecto a algunos temas éticos, como, por ejemplo, el reconocimiento de las parejas gay. El mensaje de misericordia y acogida, que trata de transmitir la realidad de un Dios dispuesto a acoger y perdonar a todos, podría inspirar un enfoque distinto también en este tema sin implicar cambios desde el punto de vista doctrinal. Son conocidas, de hecho, las críticas de Bergoglio a la decisión de configurar como matrimonio la unión de personas del mismo sexo; unas críticas que se basan en la moral natural.

Otra importante indicación sobre el pontificado es la que ha dado Francisco ya desde su primera aparición en la galería central de San Pedro, al definirse siempre a sí mismo como «obispo de Roma». No es difícil imaginar que precisamente el vínculo con su diócesis, con las parroquias romanas, será fundamental para Francisco. El hecho de subrayar la dimensión del pontificado ligada al servicio del obispo de Roma puede tener implicaciones interesantes, ya sea en el ámbito de la colegialidad en el seno de la Iglesia católica, ya sea en el de las relaciones ecuménicas, en particular con el mundo ortodoxo. La presencia del patriarca ecuménico de Constantinopla, Bartolomé I, en la misa de inicio del pontificado, y el largo diálogo fraterno que mantuvieron Francisco y el patriarca, constituyen un signo prometedor.

Otro tema que quedó abierto en el pontificado anterior es el de los lefebvrianos. Bergoglio había hablado con claridad sobre los grupos tradicionalistas, que en Argentina tienen un seminario y algunas iglesias. «Parece una paradoja —afirmaba en una entrevista con Stefania Falasca publicada por *30Giorni* en 2007—, pero precisamente porque permanecemos, porque somos fieles, cambiamos. No permanecemos fieles, como los tradicionalistas o los fundamentalistas, a la letra. La fidelidad es siempre un cambio, un florecimiento, un crecimiento. El Señor obra un cambio en aquel que le es fiel.» Otras veces el futuro Papa había dicho que ese tipo de religiosidad tan rígida se enmascara detrás de doctrinas que pretenden ofrecer justificaciones, pero que en realidad privan de la libertad y no dejan crecer a la gente. Hay que añadir también, no obstante, que el cardenal de Buenos Aires siempre ha mantenido el contacto con el responsable de la Fraternidad San Pío X, recibiéndolo y dialogando con él, en una relación franca y sincera. Y más allá de las ásperas críticas preventivas contra el nuevo papa lanzadas por los nostálgicos del armiño y los zapatos rojos, hay tradicionalistas que aprecian los numerosos aspectos ligados a la tradición presentes en las homilías y en los discursos de Francisco, que la primera tarde, recién elegido, hizo rezar el padrenuestro, el avemaría y el gloria a los fieles congregados en la plaza de San Pedro; no deja nunca de hablar de María, ni esconde su devoción a los santos. Y ha querido mantener, aunque con una mayor sobriedad y sencillez, las características esenciales de las celebraciones papales ratzingerianas.

También se presentan interesantes los progresos en la relación con el judaísmo. Bergoglio siempre ha mantenido unas relaciones óptimas con la comunidad judía, y en 2010 firmó un libro a cuatro manos con el rabino jefe de Buenos Aires, Abraham Skorka (*Sobre el cielo y el tierra*, Editorial Sudamericana); se trata de un diálogo sobre muchos temas: Dios, los ateos, las religiones y su futuro, los discípulos, la oración, el pecado, la muerte, la mujer, el aborto, la educación, la política, el dinero, el Holocausto, el diálogo interreligioso…

En el libro, el futuro Papa afirma: «Mi experiencia con Dios se da en el camino, en la búsqueda, en dejarme buscar». Bergoglio mira el mundo a partir de esta experiencia. A propósito del diálogo con los ateos, dice: «Cuando me encuentro con personas ateas comparto las cuestiones humanas, pero no les planteo de entrada el problema de Dios, excepto en el caso de que me lo planteen a mí. Si eso ocurre, les cuento por qué yo creo. Pero lo humano es tan rico para compartir, para trabajar, que tranquilamente podemos complementar mutuamente nuestras riquezas. Como soy creyente, sé que esas riquezas son un don de Dios».

En otro pasaje, afirma Bergoglio: «Creo que el que adora a Dios tiene, en esa experiencia, un mandato de justicia para con sus hermanos. Es una justicia sumamente creativa, porque inventa cosas: educación, promoción social, cuidado, alivio, etcétera. Por eso, el hombre religioso íntegro es llamado el hombre justo, lleva la justicia hacia los demás. En ese aspecto, la justicia del religioso o la religiosa crea cultura. No es lo mismo la cultura de un idólatra que la cultura que crea una mujer o un hombre que adoran al Dios vivo... Hoy, por ejemplo, tenemos culturas idólatras en nuestra sociedad: el consumismo, el relativismo y el hedonismo son una muestra de ello».

También es digno de señalar otro pasaje, dedicado a la autoridad de los líderes religiosos: «Los grandes dirigentes del pueblo de Dios fueron hombres que dejaron lugar a la duda... Moisés es el personaje más humilde que hubo sobre la tierra. Delante de Dios no queda otra que la humildad, y el que quiere ser dirigente del pueblo de Dios tiene que dar espacio a Dios; por lo tanto achicarse, ahuecarse a sí mismo con la duda, con las experiencias interiores de oscuridad, de no saber qué hacer... Una de las características del mal dirigente es ser excesivamente prescriptivo por la autoseguridad que tiene». Una postura que comparte el rabino Skorka: «La fe misma debe manifestarse por medio de cierto sentimiento de duda... Puedo tener un 99,99 por ciento de certeza acerca de Él, pero nunca el ciento por ciento, porque uno vive buscándolo».

En el libro se repite la enseñanza de que la Iglesia no puede reducirse a una agencia de servicios de asistencia. Explica Bergoglio: «El [liderazgo] de una congregación no puede asimilarse al de una ONG». La diferencia está en la santidad. «En una ONG, la palabra santidad no entra. Sí tiene que haber un comportamiento social adecuado, honestidad, una idea de cómo va a llevar adelante su misión, una política hacia adentro. Puede funcionar dentro de su laicidad. Pero en la religión, la santidad es ineludible en su líder.»

Es también interesante la referencia a la experiencia pastoral del cardenal de Buenos Aires, que, a propósito de la formación de los candidatos al sacerdocio, recuerda la selección realizada en su diócesis: «Nosotros aceptamos en el seminario, aproximadamente, a solo el cuarenta por ciento de los que se postulan... Por ejemplo, existe un fenómeno psicológico: patologías o neurosis que buscan seguridades externas. Hay algunos que sienten que por sí mismos no van a tener éxito en la vida y buscan corporaciones que los protejan. Una de esas corporaciones es la clerecía. Al respecto, estamos con los ojos abiertos, tratamos de conocer bien a las personas que demuestran interés... Después, en la convivencia de un año previa al ingreso, durante todos los fines de semana, se va viendo y se discierne entre la gente que tiene vocación y la que en realidad no es llamada sino que busca un refugio o se equivoca en la percepción de la vocación».

Uno de los pasajes más conmovedores del diálogo —señala el biblista Matteo Crimella— es cuando el rabino y el obispo tocan el tema de la oración. «La oración debe servir para unificar al pueblo: es un momento en el que todos decimos exactamente las mismas palabras», afirma el rabino Skorka. Bergoglio está en sintonía con él: «Orar es un acto de libertad». Y añade: «La oración es hablar y escuchar. Existen momentos que son de profundo silencio, adorando, esperando a ver qué pasa». En el diálogo con el rabino también se afronta el tema de las grandes ideologías del siglo XX: «El cristianismo condena con la misma fuerza tanto al comunismo como al capitalismo salvaje... Un ejemplo claro de lo que sucede es lo que pasa con el dinero que fuga al exterior. El dinero también tiene patria, y aquel que explota una industria en el país y se lleva el dinero para guardarlo afuera está pecando. Porque no honra con ese dinero al país que le da la riqueza, al pueblo que trabaja para generar esa riqueza». Y añade a propósito del blanqueo de dinero derivado del tráfico de estupefacientes: «El dinero manchado con sangre no se puede aceptar».

También resulta significativo el pasaje a propósito de la riqueza de la Iglesia: «Siempre se habla del oro del Vaticano... Una religión necesita dinero para manejar sus obras, y eso se hace a través de instituciones bancarias, no es ilícito... lo que entra [en las arcas del Vaticano] va a leproserías, a escuelas, a comunidades africanas, asiáticas, americanas». Pero luego, recordando el martirio de san Lorenzo y su defensa de los pobres de Roma, afirma: «Los pobres son el tesoro de la Iglesia y hay que cuidarlos; y si no tenemos esta visión, construiremos una Iglesia mediocre, tibia, sin fuerza». Puede tenerse por seguro que incluso el IOR, el Instituto para las Obras de Religión, si sigue existiendo, lo hará honrando su nombre hasta el final, sin que se pueda seguir dando pie a acusaciones como las de las últimas décadas.

Por lo que respecta a las formas de presencia del cristianismo, en el diálogo con el rabino afirma Bergoglio: «Si uno mira la historia, las formas religiosas del catolicismo han variado notoriamente. Pensemos, por ejemplo, en los Estados Pontificios, donde el poder temporal estaba unido con el poder espiritual. Era una deformación del cristianismo, no se correspondía con lo que Jesús quiso… Si, a lo largo de la historia, la religión tuvo tanta evolución, por qué no vamos a pensar que en un futuro también se adecuará con la cultura de su tiempo. El diálogo entre la religión y la cultura es clave, ya lo plantea el Concilio Vaticano II. Desde un principio se le pide a la Iglesia una continua conversión —*Ecclesia semper reformanda*— y esa transformación adquiere diversas formas a lo largo del tiempo, sin alterar el dogma».

En el libro no faltan bromas y anécdotas. Una de ellas se refiere al uso o no de la ropa talar por parte de los sacerdotes. Bergoglio cita al respecto el diálogo de un sacerdote sabio con un joven cura, al que le dijo: «El problema no es si la usas, sino que te la arremangues cuando te la tienes que arremangar para trabajar por los demás».

El nuevo papa también conoce bien la realidad de los grupos evangélicos, que se difunden cada vez más en Latinoamérica. Luis Palau, uno de los líderes mundiales de los cristianos evangélicos, ha hablado de su amistad con Bergoglio. Y el pastor bonaerense Juan Pablo Bongarrá recuerda: «También a nosotros nos pedía que rezáramos por él».

«Cuando estás con Bergoglio tienes la impresión de que conoce personalmente a Dios Padre —ha declarado Palau en una entrevista—. Su modo de rezar, de hablar con el Señor, es el de un hombre que conoce a Jesucristo y que se halla espiritualmente en intimidad con el Señor. A él no le cuesta ningún esfuerzo rezar.»

La parte más interesante de la entrevista es aquella en la que habla de cuál podrá ser la relación entre el papa Bergoglio y los evangélicos. «Pienso que asistiremos a un papado que suavizará las tensiones. Eso no significa que estemos de acuerdo en todo, hay que decirlo de entrada. Él es el Papa de la Iglesia de Roma, y hay cuestiones sobre las que tenemos que dialogar, rezar juntos, buscar respuestas en la Biblia… Las diferencias doctrinales están, pero cuando hay una actitud de apertura recíproca y de escuchar la Palabra de Dios, si se toma en serio, entonces la luz viene del Señor.»

«La mayoría de los católicos viven en Latinoamérica —añade el pastor Palau en la entrevista con *Christianity Today*, recogida en la web *Vatican Insider*—. Y aunque millones de cristianos han acudido a nuestra vía evangélica para seguir a Jesucristo, no menos del setenta por ciento de Latinoamérica todavía se declara católica. Hasta hace unas décadas hubo una actitud de enfrentamiento que no resultaba agradable. Hoy todavía hay algunos sitios donde se corre el riesgo de llegar a las manos entre los fieles, pero ya no es como hace cincuenta años. Ahora las tensiones son más teológicas…»

Palau cree que con el papa Francisco no habrá enfrentamiento: «Lo ha demostrado ampliamente durante su mandato como cardenal en Argentina. Se han tendido muchos puentes y ha habido muchas muestras de respeto, reconociendo las diferencias, pero concentrándose sobre todo en aquello en torno a lo cual podemos estar de acuerdo: la divinidad de Jesús, su nacimiento virginal, su resurrección, su regreso». Pero más allá de las posiciones teológicas están las relaciones personales a la hora de hablar. Luis Palau recuerda justamente un encuentro en el que Bergoglio le contó que entre el personal del arzobispado tenía a un contable cristiano evangélico: «De él me puedo fiar —le había explicado—, porque pasamos horas leyendo la Biblia juntos y bebiendo mate».

En febrero de 2012, Benedicto XVI celebró su penúltimo consistorio para la creación de nuevos cardenales. Fue aquel un consistorio muy italiano y muy curial. En aquella ocasión, el papa Ratzinger pronunció una homilía llamando de nuevo a la humildad y a la idea de servicio. Localicé al cardenal Bergoglio por teléfono para preguntarle si podía concederme una entrevista sobre las palabras del Papa, pero también sobre la situación concreta que estaba viviendo la curia romana en aquel momento con el escándalo Vatileaks. Hacía un mes que habían empezado a salir los documentos reservados sustraídos del escritorio papal, pero todavía no se sabía nada de las responsabilidades del mayordomo de Benedicto XVI. Hablamos un rato por teléfono. A continuación reproduzco la transcripción de mis preguntas y sus respuestas en aquella entrevista, que se publicó en *Vatican Insider*. Como hace siempre con los periodistas al final de una conversación, Bergoglio me preguntó: «¿Crees que lo que te he dicho puede serte de utilidad?».

¿Qué le parece la decisión del Papa de instaurar un Año de la Fe e insistir en la nueva evangelización?

Benedicto XVI insiste en señalar como prioritaria la renovación de la fe, y presenta la fe como un regalo que hay que transmitir, un don que hay que ofrecer, que compartir, un acto de gratuidad. No una posesión, sino una misión. Esta prioridad señalada por el Papa tiene una dimensión de memoria: con el Año de la Fe rememoramos el don recibido. Y ello se apoya en tres pilares: la memoria de haber sido elegidos, la de la promesa que se nos ha hecho y la de la alianza que Dios ha forjado con nosotros. Estamos llamados a renovar la alianza, nuestra pertenencia al pueblo fiel a Dios.

¿Qué significa evangelizar en un contexto como el de Latinoamérica?

El contexto es el emanado de la quinta conferencia de los obispos de Latinoamérica, que se celebró en Aparecida en 2007. Se nos ha convocado a una misión continental, todo el continente se encuentra en estado de misión. Se han hecho y se hacen programas, pero, sobre todo, está el aspecto paradigmático: toda la actividad ordinaria de la Iglesia se ha orientado hacia esa misión. Ello implica una tensión muy fuerte entre centro y periferia, entre la parroquia y el barrio. Hay que salir de uno mismo, ir hacia la periferia. Hay que evitar la enfermedad espiritual de la Iglesia autorreferencial: cuando lo es, la Iglesia enferma. Es cierto que al salir a la calle, como nos pasa a todos los hombres y a todas las mujeres, puede haber accidentes. Pero si la Iglesia permanece encerrada en sí misma, autorreferencial, envejece. Y entre una Iglesia accidentada que sale a la calle y una Iglesia enferma de autorreferenciali-dad, no tengo ninguna duda: prefiero la primera.

¿Cuál es su experiencia al respecto en Argentina y, en particular, en Buenos Aires?

Buscamos el contacto con las familias que no frecuentan la parroquia. En lugar de ser solo una Iglesia que acoge y que recibe, tratamos de ser una Iglesia que sale de sí misma y se dirige a los hombres y las mujeres que no la frecuentan, que no la conocen, que se han apartado de ella, que son indiferentes. Organizamos misiones en las plazas públicas, aquellas en las que se reúne mucha gente: rezamos; celebra-mos la misa; proponemos el bautismo, que administramos tras una breve preparación. Es el estilo de las parroquias y de la propia diócesis. Aparte de esto, tratamos también de llegar a las personas que están lejos a través de los medios digitales, la web y los mensajes cortos.

En el discurso al consistorio, y, después, en la homilía de la misa del domingo 19 de febrero, el Papa ha insistido en el hecho de que el cardenalato es un servicio, como también en el hecho de que la Iglesia no se construye sola. ¿Qué piensa de las palabras de Benedicto XVI?

Me ha impresionado la imagen evocada por el Papa, al ha-blar de Santiago y Juan, y de las tensiones internas entre los primeros seguidores de Jesús acerca de quién debía ser el primero. Esto nos indica que ciertas actitudes, ciertas discusiones, han estado siempre presentes en la Iglesia, desde su inicio. Y eso no debería escandalizarnos. El cardenalato es un servicio, no una distinción de la que enorgullecerse. La vanidad, el alardear de uno mismo, es una actitud de frivolidad espiritual, que es el peor pecado de la Iglesia. Es esta una afirmación que se encuentra en las páginas finales del libro *Méditation sur l'Église* de Henri de Lubac. La frivolidad espiritual es un antropocentrismo religioso que tiene aspectos gnósticos. El afán de hacer carrera, la búsqueda de la promoción, entran plenamente en esta frivolidad espiritual. Lo digo a menudo, para ejemplificar la realidad de la vanidad: observad el pavo real, ¡qué hermoso es cuando lo ves por delante!; pero si das unos cuantos pasos y lo ves por detrás, descubres la realidad… Quien cede a esta vanidad autorreferencial esconde, en el fondo, una miseria muy grande.

¿En qué consiste, pues, el auténtico servicio del cardenal?

Los cardenales no son los representantes de una ONG, sino siervos del Señor, bajo la inspiración del Espíritu Santo, que es Aquel que marca la verdadera diferencia entre los carismas, y que al mismo tiempo en la Iglesia les conduce a la unidad. El cardenal debe entrar en la dinámica de la diferencia de los carismas y, al mismo tiempo, mirar hacia la unidad; con la conciencia de que el autor, tanto de la diferencia como de la unidad, es el propio Espíritu Santo. Me parece que un cardenal que no entra en esta dinámica no es cardenal según lo que pide Benedicto XVI.

11

Una vida «traspasada» por la mirada de amor de Dios

En el arzobispado de Buenos Aires, el despacho del cardenal Bergoglio, hoy papa Francisco, era casi más pequeño que el de su secretaria. El despacho del arzobispo, en el piso superior, no lo ha querido nunca: podía dar una sensación de poder y de superioridad. En el edificio ocupa la misma habitación que tenía cuando era vicario general de su predecesor, el cardenal Quarracino. Es una habitación «en extremo austera», escriben Sergio Rubin y Francesca Ambrogetti en el libro *El jesuita*. Hay una sencilla cama de madera y un crucifijo que pertenecía a sus abuelos, Rosa y Giovanni. También hay una estufa eléctrica porque, aunque el edificio cuenta con instalación de calefacción, Bergoglio no permite que se ponga en marcha si no está presente todo el personal que trabaja en el arzobispado. Una señora viene a hacer la limpieza los martes, pero es el cardenal el que se hace la cama cada mañana.

Frente a la habitación está su capilla personal. Y en una habitación contigua a la suya se halla su biblioteca, llena de libros y de papeles. Entre ellos hay uno, ya descolorido, que contiene una profesión de fe personal suya, escrita «en un momento de una gran intensidad espiritual» poco antes de ser ordenado sacerdote.

Quiero creer en Dios Padre, que me ama como un hijo, y en Jesús, el Señor, que me infundió su Espíritu en mi vida para hacerme sonreír y llevarme así al reino eterno de vida.

Creo en mi historia, que fue traspasada por la mirada de amor de Dios y, en el día de la primavera, 21 de septiembre, me salió al encuentro para invitarme a seguirlo.

Creo en mi dolor, infecundo por el egoísmo, en el que me refugio.

Creo en la mezquindad de mi alma, que busca tragar sin dar… sin dar.

Creo que los demás son buenos, y que debo amarlos sin temor, y sin traicionarlos nunca para buscar una seguridad para mí.

Creo en la vida religiosa.

Creo que quiero amar mucho.

Creo en la muerte cotidiana, quemante, a la que huyo, pero que me sonríe invitándome a aceptarla.

Creo en la paciencia de Dios, acogedora, buena como una noche de verano.

Creo que papá está en el cielo junto al Señor.

Creo que el padre Duarte también está allí, intercediendo por mi sacerdocio.

Creo en María, mi madre, que me ama y nunca me dejará solo.

Y espero la sorpresa de cada día en la que se manifestará el amor, la fuerza, la traición y el pecado, que me acompañarán hasta el encuentro definitivo con ese rostro maravilloso que no sé cómo es, que le escapo continuamente, pero que quiero conocer y amar. Amén.

El padre Duarte mencionado en esta profesión de fe no es otro que el sacerdote que aquel día de comienzo de la primavera había confesado a Jorge Mario, que entonces tenía diecisiete años, en la iglesia parroquial. Un encuentro decisivo para descubrir la llamada de Dios.

El nuevo papa es muy devoto de santa Teresa de Lisieux. Cuando, siendo cardenal, venía a Roma por las obligaciones ligadas a las congregaciones de las que formaba parte, solía detenerse en la pequeña iglesia de Santa Maria Annunziata in Borgo —popularmente llamada Annunziatina—, un oratorio de Roma que se encuentra en el *lungotevere** vaticano, a pocos pasos de la basílica de San Pedro. El padre Bergoglio se la encontraba de camino, en el trayecto que generalmente hacía a pie desde la casa del clero de via della Scrofa hasta el Vaticano. Aquí se detenía a rezar.

En octubre de 2002, los Frailes Franciscanos de la Inmaculada, que custodian la iglesia desde 1998, empezaron a advertir la presencia de un sacerdote que puntualmente, a las nueve de la mañana, se detenía a rezar con gran recogimiento y devoción ante la estatua de santa Teresa del Niño Jesús, y luego se iba. «Era un sacerdote no muy joven

* Paseo que bordea la orilla del Tíber. *(N. del T.)*

—cuenta el padre Rosario M. Sammarco en la página que los Frailes Franciscanos de la Inmaculada tienen en Facebook—, de complexión alta y garrida. Despertó curiosidad tanto por la puntualidad con la que llegaba como por su actitud tan devota y sencilla. Para daros una idea, al final de la oración solía hacer lo que hacen tantas menospreciadas viejecitas por nuestros lares: tocaba la estatua y la besaba. La curiosidad aumentó cuando en una ocasión los frailes advirtieron que el sacerdote llevaba la sotana con los botones rojos. ¿Un cardenal, entonces? Pero ¿quién podía ser?»

Espoleado por la curiosidad, uno de los frailes, el padre Anselmo M. Marcos, encargado de la sacristía, decidió acercarse un día a preguntarle al devoto peregrino quién era. El padre Bergoglio se presentó y le dijo que era el cardenal de Buenos Aires.

El nuevo papa, al recibir en un almuerzo a la presidenta de Argentina la víspera de la misa inaugural del pontificado, le regaló una rosa blanca, símbolo de su devoción por santa Teresita.

Desde las primeras horas tras la elección, Francisco telefoneó personalmente a sus amigos, en Roma y en Buenos Aires, e invitó a algunos de ellos a la misa que iba a celebrarse en la parroquia de Santa Ana el domingo 17 de marzo.

Entre las llamadas que hizo hubo también una a Daniel, el quiosquero de la calle Bolívar, cerca de la plaza de Mayo, a pocos pasos de la catedral de Buenos Aires. El Papa le llamó para darle las gracias y para anular su suscripción al

Índice